새로운 도서, 다양한 자료 동양북스 홈페이지에서 만나보세요!

www.dongyangbooks.com
m.dongyangbooks.com

홈페이지 도서 자료실에서 학습자료 및 MP3 무료 다운로드

PC

❶ 홈페이지 접속 후 **도서 자료실** 클릭
❷ **하단 검색 창에 검색어 입력**
❸ MP3, 정답과 해설, 부가자료 등 첨부파일 다운로드
  * 원하는 자료가 없는 경우 '요청하기' 클릭!

MOBILE

* 반드시 '인터넷, Safari, Chrome' App을 이용하여 홈페이지에 접속해주세요. (네이버, 다음 App 이용 시 첨부파일의 확장자명이 변경되어 저장되는 오류가 발생할 수 있습니다.)

❶ 홈페이지 접속 후 ≡ 터치

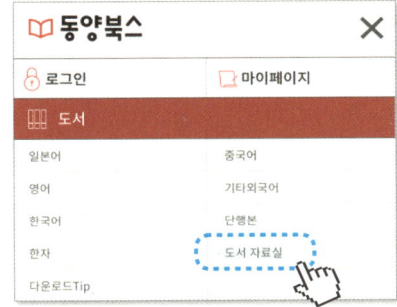

❷ 도서 자료실 터치

❸ 하단 검색창에 검색어 입력
❹ MP3, 정답과 해설, 부가자료 등 첨부파일 다운로드
  * 압축 해제 방법은 '다운로드 Tip' 참고

미래와 통하는 책

가장 쉬운 독학
일본어 첫걸음
14,000원

버전업! 굿모닝
독학 일본어 첫걸음
14,500원

일단 합격하고 오겠습니다
JLPT 일본어능력시험 N3
26,000원

일본어 100문장 암기하고
왕초보 탈출하기
13,500원

가장 쉬운 독학
중국어 첫걸음
14,000원

가장 쉬운 중국어
첫걸음의 모든 것
14,500원

일단 합격 新HSK
한 권이면 끝! 4급
24,000원

중국어
지금 시작해
14,500원

영어를 해석하지 않고
읽는 법
15,500원

미국식
영작문 수업
14,500원

세상에서 제일 쉬운
10문장 영어회화
13,500원

영어회화
순간패턴 200
14,500원

가장 쉬운 독학
베트남어 첫걸음
15,000원

가장 쉬운 독학
프랑스어 첫걸음
16,500원

가장 쉬운 독학
스페인어 첫걸음
15,000원

가장 쉬운 독학
독일어 첫걸음
17,000원

동양북스 베스트 도서

THE GOAL 1
22,000원

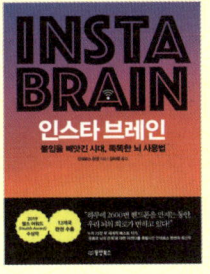
인스타 브레인
15,000원

직장인, 100만 원으로 주식투자 하기
17,500원

당신의 어린 시절이 울고 있다
13,800원

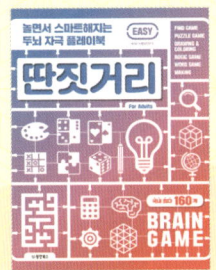
놀면서 스마트해지는 두뇌 자극 플레이북 딴짓거리 EASY
12,500원

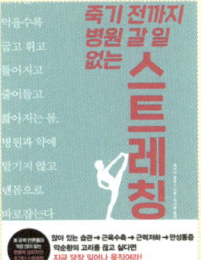
죽기 전까지 병원 갈 일 없는 스트레칭
13,500원

가장 쉬운 독학 이세돌 바둑 첫걸음
16,500원

누가 봐도 괜찮은 손글씨 쓰는 법을 하나씩 하나씩 알기 쉽게
13,500원

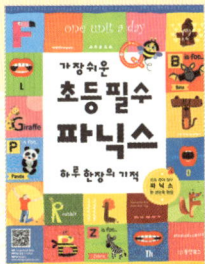
가장 쉬운 초등 필수 파닉스 하루 한 장의 기적
14,000원

가장 쉬운 알파벳 쓰기 하루 한 장의 기적
12,000원

가장 쉬운 영어 발음기호 하루 한 장의 기적
12,500원

가장 쉬운 초등한자 따라쓰기 하루 한 장의 기적
9,500원

세상에서 제일 쉬운 엄마표 생활영어
12,500원

세상에서 제일 쉬운 엄마표 영어놀이
13,500원

창의쑥쑥 환이맘의 엄마표 놀이육아
14,500원

동양북스
www.dongyangbooks.com
m.dongyangbooks.com

통번역대학원, 임용고시
新HSK 고급 학습자를 위한

스마트
통번역 중국어

한중번역편

개정 2쇄 | 2021년 3월 10일

편　저 | 권용중
발행인 | 김태웅
편　집 | 신효정, 양수아
디자인 | 남은혜, 신효선
마케팅 | 나재승
제　작 | 현대순

발행처 | ㈜동양북스
등　록 | 제2014-000055호
주　소 | 서울시 마포구 동교로22길 14(04030)
구입문의 | 전화 (02)337-1737　팩스 (02)334-6624
내용문의 | 전화 (02)337-1762　dybooks2@gmail.com

ISBN 978-89-98914-36-3　14720
ISBN 978-89-98914-35-6　14720 (세트)

ⓒ 권용중, 2017

▶ 본 책은 저작권법에 의해 보호를 받는 저작물이므로 무단 전재와 복제를 금합니다.
▶ 잘못된 책은 구입처에서 교환해 드립니다.
▶ 도서출판 동양북스에서는 소중한 원고, 새로운 기획을 기다리고 있습니다.
　http://www.dongyangbooks.com

이 도서의 국립중앙도서관 출판시도서목록(CIP)은 서지정보유통지원시스템 홈페이지(http://seoji.go.kr)와
국가자료공동목록시스템(http://www.nl.go.kr/kolisnet)에서 이용하실 수 있습니다.
(CIP제어번호:CIP2013019838)

머리말

20여 년 전, 중국어를 처음 배우던 때가 생각납니다. 정자체[繁體字] 위에 처음 보는 기호가 알파벳과 함께 쓰여 있는 교과서를 보면서, "어라? 우리말과 똑같은 한자가 정말 많네? 해석도 금방 되고. 중국어가 어렵다더니 순 거짓말이구나."라는 생각을 하면서 중국어 공부의 재미에 푹 빠졌던 기억이 마치 어제 일처럼 떠오릅니다.

하지만 중국어의 세계에 몰입하면 할수록 '중국어는 웃고 들어갔다 울면서 기어 나온다.'라는 말을 점점 실감할 수 있었습니다. 어느 순간 중국어 실력이 정체되어 더는 발전하지 않는다는 불안감에 사로잡히기도 했고, 이 때문에 여러 차례 중국어를 포기하려는 마음을 먹기도 했습니다.

돌이켜보면 여러 가지 이유가 있었겠지만, 중국어 실력 향상의 발목을 잡고 크나큰 자괴감을 느끼게 한 가장 큰 요인은 '중국어로만 자유롭게 말할 때에는 큰 문제가 없는데, 한국어를 중국어로 옮기는 것은 너무 어렵다.'라는 점이었습니다. 마치 나 자신이 오너 드라이버가 되어 조수석에 애인을 태우고 내가 원하는 대로 도로를 질주하는 것은 어렵지 않지만, '김 기사'가 되어 '직진하다 두 번째 신호등에서 좌회전하고 그다음 신호등에서 유턴하라.', '시속 60km~65km의 속도로 2차선 도로로만 가라.' 등등 내 의견에 반하는 '사모님'의 수많은 명령을 그대로 따르는 일은 결코 쉽지 않은 것과 같은 이치입니다.

이 책은 지난 20여 년 동안, 어떻게 하면 '노련한 김 기사'가 되어 까다로운 '사모님'의 지시를 능숙하게 수행하고, 더 나아가 자신만의 스타일로 운전하여 '사모님'의 신임을 얻을 것인가 그 방법을 찾으려 노력해온 작은 결과물입니다.

아직은 중국어라는 드넓은 대해(大海)에 비하면 이 책은 작은 배 한 척에 지나지 않을지 모릅니다. 하지만 앞으로 중국어의 바다에 도전할 후배들은 저의 이 작은 배를 모방하고 개량하여 더 큰 배를 좀 더 쉽게 만들 수 있을 것이고, 그러다 보면 중국어의 바다 정도는 제집 드나들 듯 쉽게 오갈 수 있는 수준에 이르겠지요. 저의 이 책이 더이상 필요 없는 '하찮은 고물'이 되는 날이 하루라도 빨리 오기를 고대합니다.

2016년 12월,
여느 때처럼 CCTV를 듣다가 좋은 표현을 발견하고 어린애처럼 기뻐하던 어느 날
필자 씀

이 책의 구성

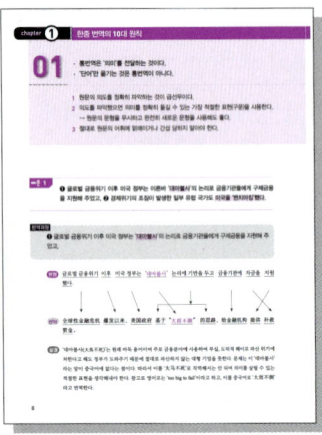

모든 한중 번역에 적용할 수 있는 가장 핵심적인 원칙 10가지를 제시했다. 무엇보다 한국어 문장과 중국어 문장의 특징 및 구성 방식의 차이점을 집중적으로 설명했다. 따라서 이 원칙을 숙지하면 어떤 한국어 텍스트를 번역하더라도 가장 큰 1단계 장애물은 제거할 수 있을 것이다.

시사 한국어 텍스트를 번역할 때 가장 자주 사용되는 구문 30개와 이에 대응하는 중국어 구문을 제시했다. 또한 상세한 번역 과정을 보여주고 각 표제어 당 예제를 3편씩 수록함으로써, 내용도 숙지하고 응용 번역에도 익숙해질 수 있도록 배려했다.

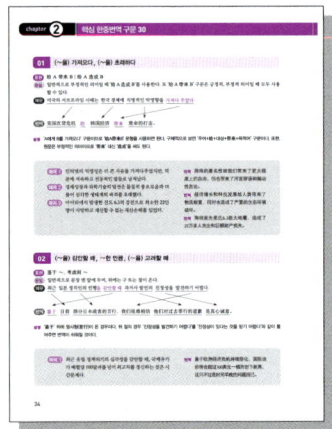

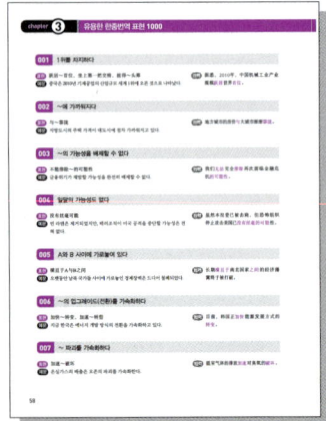

막상 번역하다 보면 적절한 중국어 표현이 생각나지 않아 막힐 때가 많다. 여기에 제시한 중국어 표현 1,000개는 비록 간단하지만, 꼭 필요할 때 요긴하게 사용할 수 있을 것이다. 이 1,000개 표현을 바탕으로 자신만의 한-중 대응 표현 목록을 점진적으로 확대해 가 보자.

한중 번역을 잘 하기 위한 사전 노력

한중 번역의 10대 원칙은 뒤의 Chapter 1에서 자세히 설명했는데, 이는 중국어 실력이 어느 정도 수준에 올랐다는 것을 전제로 실전 번역과정에서 주의해야 할 점 10가지를 나열한 것이다. 여기에서는 중국어 실력이 아직 충분히 향상되지 않은 독자에게 장기적으로 한중 번역을 좀 더 잘하기 위해 반드시 기울여야 할 노력을 세 가지만 제시하고자 한다.

첫째, 모국어 공부를 더 열심히 해야 한다.

통역이나 번역은 중국어만 잘하면 된다고 생각하는 사람이 많을 것이다. 심지어 중국에서 살다 오지 않은 사람은 중국어 번역을 못 할 것이라는 착각도 할지 모른다. 하지만 진정한 통번역 실력의 기반은 '튼튼한 모국어 실력'이라고 자신 있게 말할 수 있다. 단순한 어휘력이나 표준어, 표준 발음을 얼마나 알고 있느냐가 아니라, 다양하고 풍부한 '표현력', '문장력'을 기르는 것이 실력 있는 통번역사, 특히 한중 번역의 달인이 되는 지름길임을 잊지 말자. 평소에 꾸준히 신문과 인문학·사회학 관련 책을 읽으며 표현력과 문장력을 갈고 닦는 것이 좋다. 특히 신문은 소리 내어 낭독하면서 문장을 통째로 암기하는 것도 효과적이다.

둘째, 한⇨중 번역을 욕심내지 말고 먼저 중⇨한 번역을 열심히 하자.

한⇨중 번역은 결코 '창작'이나 '창조'가 아니다. 중국어 원어민이 아닌 이상 중국어 표현을 창조해낸다는 것은 거의 불가능에 가깝거니와 정확한 번역을 기대하기도 어렵다. 그렇다면 중국인이 아닌 이상 한⇨중 번역은 불가능한가? 그렇지 않다. 뜻밖에 지름길은 가까운 곳에 있다. 즉 평소 중국어 텍스트를 공부할 때마다, 나의 풍부한 한국어 표현력과 문장력을 이용하여 이를 적절한 한국어 표현으로 바꿔보는 훈련을 하는 것이다. 나중에 한⇨중 번역 때 활용하기 위해 시간 있을 때마다 중국어 원문 텍스트에서 좋은 표현을 추출하고, 이를 한국어 표현으로 치환하여 차곡차곡 저장해둔다고 생각하면 이해하기 쉬울 것이다.

셋째, 중국어 기초 체력을 튼튼히 다지자.

중⇨한 번역이든 한⇨중 번역이든 관건은 어휘력과 표현력이다. 이를 위해 평소에 기초 어휘는 물론이고 숙어(성어, 속담, 관용어, 헐후어 등), 시(詩), 시사용어 등에 꾸준한 관심을 두고 암기해두자. 또 중국어 공부가 지루해지면 중국 역사, 문학, 대중문화, 예술, 스포츠 등으로 잠시 관심을 돌려 기분전환을 해도 좋은 것이다. 이 모든 것이 차곡차곡 쌓이고 탄탄한 배경지식이 되면 나중에 정확하고 수준 높은 통번역을 수행하는데 크게 기여할 것이다.

차 례

003 | 머리말

004 | 이 책의 구성

005 | 한중 번역을 잘 하기 위한 사전 노력

007 | **Chapter 1**
한중 번역의 10대 원칙

033 | **Chapter 2**
핵심 한중 번역 구문 30

057 | **Chapter 3**
유용한 한중 번역 표현 1000

chapter 1

한중 번역의 10대 원칙

1. 통번역은 '의미'를 전달하는 것이다. '단어'만 옮기는 것은 통번역이 아니다.
2. 원문을 많이 분해할수록 번역은 단순하고 정확해진다.
3. 한중 번역을 마스터하는 지름길은 '중한 번역'에 있다.
4. 명사를 수식하는 긴 관형절은, 수식 받는 명사를 주어로 삼아 절로 바꾸어라.
5. 실질적 주어와 동사를 빨리 파악할수록 번역이 쉬워진다.
6. 중요하지 않은 내용은 먼저 독립구(절) 형태로 떼어내라. 긴 원문이 단순해진다.
7. 비유적 표현의 번역은 원문의 의미를 살려 객관적이고 평이하게 번역한다.
8. 주어가 없으면 적절한 주어를 설정하라.
9. 전문용어, 관용어 등은 반드시 확인하여 정확한 용어를 찾아야 한다.
10. 원문에 잘못된 표현, 부적절한 표현이 있다면 사전에 미리 확인해야 한다.

chapter 1 한중 번역의 10대 원칙

01
- 통번역은 '의미'를 전달하는 것이다.
- '단어'만 옮기는 것은 통번역이 아니다.

1. 원문의 의도를 정확히 파악하는 것이 급선무이다.
2. 의도를 파악했으면 의미를 정확히 옮길 수 있는 가장 적절한 표현(구문)을 사용한다.
   → 원문의 문형을 무시하고 완전히 새로운 문형을 사용해도 좋다.
3. 절대로 원문의 어휘에 얽매이거나 간섭 당하지 말아야 한다.

예문 1

❶ 글로벌 금융위기 이후 미국 정부는 이른바 '**대마불사**'의 논리로 금융기관들에게 구제금융을 지원해 주었고, ❷ 경제위기의 조짐이 발생한 일부 유럽 국가도 **미국을 '벤치마킹'했다**.

번역과정

❶ 글로벌 금융위기 이후 미국 정부는 '**대마불사**'의 논리로 금융기관들에게 구제금융을 지원해 주었고,

변형 글로벌 금융위기 이후 미국 정부는 '대마불사' 논리에 기반을 두고 금융기관에 자금을 지원했다.

번역 全球性金融危机 爆发以来，美国政府 基于 "大而不倒" 的思路，给金融机构 提供 补救资金。

설명 '대마불사(大馬不死)'는 원래 바둑 용어이며 주로 금융분야에 사용하여 부실, 도덕적 해이로 파산 위기에 처한다고 해도 정부가 도와주기 때문에 절대로 파산하지 않는 대형 기업을 뜻한다. 문제는 이 '대마불사'라는 말이 중국어에 없다는 점이다. 따라서 이를 '大马不死'로 직역해서는 안 되며 의미를 살릴 수 있는 적절한 표현을 생각해내야 한다. 참고로 영어로는 'too big to fail'이라고 하고, 이를 중국어로 '大而不倒'라고 번역한다.

번역과정

❷ 경제위기의 조짐이 발생한 일부 유럽 국가도 미국을 '벤치마킹'했다.

변형 일부 유럽국가 역시 미국의 방식을 모방 함으로써 경제위기의 출현을 방지하려고 했다.

번역 部分 欧洲国家 也 效仿 美国的做法， 以 防止 经济危机的出现。

설명 '벤치마킹'을 찾아보면 중국어로 '标杆学习', '定点赶超' 등으로 표현하며 일반적으로 '기업 등이 경쟁자의 우수한 시스템을 모방하여 적용하다'라는 의미가 있는 전문용어이다. 하지만 본문에서 '벤치마킹했다'라는 표현의 의도는 '미국의 방식이 우수해서 본받고 싶다'가 아니라 '미국이 했던 방식을 비슷하게 따라했다'를 나타낸 비판적, 풍자적 표현일 것이다. 이 경우 전문용어를 사용하는 대신 '미국의 방식을 모방하여 ~조처를 했다'라는 식으로 객관적 표현을 사용하는 것이 적절하다. 비록 표현은 단순하지만 원문의 의도를 100% 살린 바람직한 번역 전략이다.

또한 '경제위기의 조짐이 발생했다.'는 아직 경제위기가 발생한 것은 아니므로, 원문을 변형하여 '미국의 방식을 본떠서 경제위기의 출현을 방지하려고 하다.'로 옮겨도 무방할 것이다.

전체번역

全球性金融危机爆发以来，美国政府基于"大而不倒"的思路，给金融机构提供补救资金，部分欧洲国家也效仿美国的做法，以防止经济危机的出现。

chapter 한중 번역의 10대 원칙

예문 2 ❶ 각종 노조의 밥그릇 챙기기와 경영진의 무사안일로 인해 ❷ 소니는 결국 삼성 등에게 추월 당하며 급격히 몰락하는 신세가 되었다.

번역과정 ❶ 각종 노조의 밥그릇 챙기기와 경영진의 무사안일로 인해

변형 각종 노조는 밥그릇 챙기기 만을 신경 썼고, 경영진 역시 적극적으로 혁신을 단행하지 않았다.

번역 各工会 只管 保自己的饭碗, 企业领导层 也 迟迟未能 积极 创新。

설명 '밥그릇 챙기기'는 자신의 이익만을 추구한다는 말이다. 따라서 '只追求自己的利益'로 표현하는 것이 무난하다. 다만 중국어에도 '保饭碗'이라는 비슷한 비유적 표현이 있으므로 사용해도 좋을 것이다. 무사안일은 한자로 쓰면 '無事安逸'이지만 이는 중국어가 아니다. 무사안일은 '변화를 외면하고 현재에 안주한다.'라는 의미이므로 '安于现状' 또는 '迟迟未能积极创新'이 적당하다.

번역과정 ❷ 소니는 결국 삼성 등에게 추월 당하며 급격히 몰락하는 신세가 되었다.

변형 그래서 소니는 삼성 등 경쟁업체 에게 추월 당했다. / 급격히 파산을 향해 달렸다.

번역 结果, 索尼 只能 被 三星 等 竞争企业 赶超, 迅速 走向 破产。

설명 '추월당하다'는 '被+목적어+赶超'로 표현한다. '몰락하다'는 곧 '파산을 향해 가다'이므로 '走向破产' 등이 적절하다. 원문에는 없지만, 삼성 등은 소니의 경쟁업체이므로 '竞争对手'(경쟁업체)를 추가하면 좀 더 명확한 번역이 된다.

 전체번역

各工会只管保自己的饭碗，企业领导层也迟迟未能积极创新。结果，索尼只能被三星等竞争企业赶超，迅速走向破产。

memo

chapter 1 한중 번역의 10대 원칙

02
- 원문을 많이 분해할수록 번역은 단순하고 정확해진다.

1. 의미 단위로 여러 개의 단문으로 분해한다.
2. 단문 사이에 연결사(접속사)와 같은 연결 고리를 넣어 논리관계를 명확히 한다.
3. 연동문을 잘 활용하자.

예문 1

이른바 G2 반열에 올라 국제무대에서 입김이 세진 중국의 위상과 대중국 무역의존도가 나날이 높아지고 있는 작금의 우리 현실에 비춰보아도, 지금 우리가 할 일은 맹목적인 한중 FTA 반대를 지양하고 이 때문에 어떤 점이 좋아지고 어떤 분야가 타격을 받을지 면밀히 검토하여 미래를 대비해 가는 것이다.

분해하기
① 중국은 이른바 G2 반열에 올라 국제무대에서 입김이 세졌다.
② 한국은 대중국 무역의존도가 나날이 높아지고 있다.
③ 작금의 우리 현실을 비춰보아도 지금 우리는 맹목적인 한중 FTA 반대를 지양해야 한다.
④ 우리가 할 일은 이 때문에 어떤 점이 좋아지고 어떤 분야가 타격을 받을지 면밀히 검토하여 미래를 대비해 가는 것이다.

번역과정
❶ 중국은 이른바 G2 반열에 올라 국제무대에서 입김이 세졌다.

변형 최근 중국은 이른바 G2 국가의 하나 로서 국제 무대에서 영향력이 커졌다.

번역 目前，中国 作为 所谓"两国集团"的一员，在国际舞台上的 地位 逐渐提高。

설명 '~의 반열에 올랐다'는 '跃居为~'로 써도 되고, '~의 하나로서'는 뜻의 '作为~的一员'으로 표현해도 된다. 또 '입김이 세졌다'는 '영향력이 커졌다', '발언권이 높아졌다'를 뜻하므로 '影响力逐渐扩大', '地位逐渐提高', '拥有更大的发言权' 등으로 표현할 수 있다.

번역과정
❷ 한국은 대중국 무역의존도가 나날이 높아지고 있다.

변형 한국의 중국에 대한 무역의존도 역시 점점 높이지고 있다.

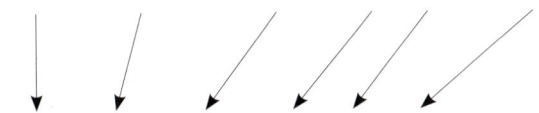

번역 韩国 对华 贸易依赖度 也 日益 上升。

설명 '대중국 무역의존도'는 '중국에 대한 무역의존도'이므로 '对华贸易依赖度'라고 표현한다.

번역과정
❸ 작금의 우리 현실을 비춰보아도 지금 우리는 맹목적인 한중 FTA 반대를 지양해야 한다.

변형 이 점을 감안할 때, 우리는 맹목적으로 한중 FTA 체결을 반대해서는 안 된다.

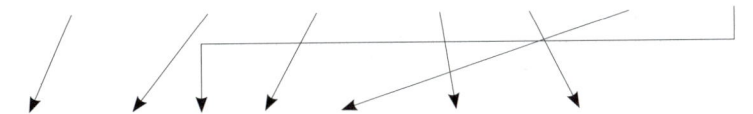

번역 鉴于此, 我们 不能 盲目 反对 韩中自贸协定的 签订。

설명 '이 점을 감안할 때'는 '鉴于此' 또는 '考虑到这一点'이라고 표현하면 된다. 'FTA를 체결하다'는 '签订自贸协定'이며, 'FTA 체결을 반대하다'의 경우 어순을 변경하여 '反对自贸协定的签订'이라고 번역할 수 있다.

chapter 1 한중 번역의 10대 원칙

번역과정

❹ 우리가 할 일은 이로 인해 어떤 점이 좋아지고 어떤 분야가 타격을 받을 지 면밀히 검토하여 미래를 대비해 가는 것이다.

변형 오히려 급선무는 그것의 장단점을 잘 연구하고, 또 미리미리 충분한 대비를 하는 것이다.

번역 而 当务之急是 认真研究 其 可能带来的利与弊，并 提前 做好 充分准备。

설명 '우리가 할 일'은 '我们要做的是~'로 옮길 수도 있지만, 결국 '급선무', '선결 과제'의 의미이므로 '当务之急', '首要任务' 등으로도 표현할 수 있다. '어떤 점이 좋아지고 어떤 분야가 타격을 받을지'는 결국 '그것이 가져올 장점과 단점'이란 의미이므로 '其可能带来的利与弊'로 옮긴다. '利'는 장점, '弊'는 단점을 뜻한다. 원문의 형태를 그대로 옮기는 것도 좋지만 때로는 간결 명료한 번역이 돋보일 때도 많다.

전체번역

目前，中国作为所谓"两国集团"的一员，在国际舞台上的地位逐渐提高，韩国对华贸易依赖度也日益上升。鉴于此，我们不能盲目反对韩中自贸协定的签订，而当务之急是认真研究其可能带来的利弊，并提前做好充分准备。

03

- 한중 번역을 마스터하는 지름길은 '중한 번역'에 있다.

1. 한중 번역은 한국어 원문을 보고 적당한 중국어를 '창조'하는 것이 아니다. 오히려 중한 번역을 통해 적절한 한국어 표현을 찾는 과정이 먼저 이뤄져야 한다.
2. 평소 중국어 원문을 보고 다양한 한국어 표현과 대응시키고 연상하는 것이 좋다.
3. 실제 한중 번역 과정에서는, 그동안 외워두었던 중국어 표현을 역(逆)으로 활용하면 된다.

예문 1

❶ 노무현 정부 때 네티즌들은 무슨 일만 생기면 "이게 다 노무현 때문이다."라고 조소했고 ❷ 야당은 정부가 무슨 정책만 내놓으면 덮어놓고 반대부터 했다. ❸ 그런데 왜 이명박 정부의 실정(失政)에 대해서는 "이게 다 이명박 때문이야."라고 외치는 목소리가 모깃소리보다 작단 말인가.

번역과정

❶ 노무현 정부 때 네티즌들은 무슨 일만 생기면 "이게 다 노무현 때문이다."라고 조소했다.

변형 노무현 정부 때 네티즌들은 정부의 잘못 만 만나면 "모든 것이 노무현 잘못"이라며 비난했다.

번역 卢武铉执政时期，网民们 一 发现 政府犯错，就 严厉批评 说，"成也卢武铉，败也卢武铉。"

설명 여기에서 문제가 된 '이게 다 노무현 때문이다.'는 번역하기 쉽지 않다. 하지만 중국어 성어 가운데 '成也萧何，败也萧何'(이긴 것도 소하의 공이고, 진 것도 소하 탓이다.)를 상기하여 응용하면 답을 얻을 수 있다. 즉 '잘한 것도 노무현, 잘못한 것도 노무현'이라는 식으로 응용하면 '成也卢武铉，败也卢武铉'이 적절한 번역이 될 수 있다. '무슨 일만 생기면'은 결국 '정부가 사소한 잘못을 하기만 하면'이므로 '一+동사1, 就+동사2' 구문을 활용하여 '一发现政府犯错，就~'(정부가 잘못하는 것을 발견하기만 하면)라고 옮기면 된다.

chapter 1 한중 번역의 10대 원칙

번역과정

❷ 야당은 정부가 무슨 정책만 내놓으면 덮어놓고 반대부터 했다.

변형 야당은 (한편) '노무현만 만나면 무조건 반대' 입장을 취했다.

번역1 在野党 则 持 "逢卢必反" 的态度。

번역2 在野党则持"为反对而反对"的态度。

설명 사실 '정부가 무슨 정책만 내놓으면 덮어놓고 반대부터 했다.'는 번역하기가 까다롭다. 하지만 이런 경우도 평소에 중국어 문장을 꾸준히 공부하면서 중·한 번역 및 적절한 한국어 표현을 연상해서 모아 두었다면 이 난관을 극복할 수 있다.
다음 문장을 보자. <출처 : 『대만법률망』 2005년 12월 28일>
陈总统日前接见北美医师访问团时，一句"逢扁必反"的谈话，不仅道出在野党"为反对而反对"的运作实况，更博得多数国人的认同。
(천수이벤 총통은 얼마 전 대만을 방문한 북미 의사진을 접견한 자리에서 '천수이벤만 만나면 무조건 반대한다.'라는 언급을 했는데, 이는 '반대를 위한 반대'를 일삼는 야당의 행태를 폭로함으로써 많은 국민의 공감을 얻고 있다.)
즉 이 원문을 통해서 '逢 + 한 글자 이름 + 必反'을 '~만 만나면 덮어놓고 반대한다'로 응용할 수 있음을 알 수 있다. 또 '为反对而反对'(반대를 위한 반대)도 '为+동사1+而+동사1'(~을 위한 ~)의 형태로서 '为批评而批评'(비판을 위한 비판) 등 다양하게 활용할 수 있음을 파악할 수 있다.

> **번역과정**
>
> ❸ 그런데 왜 이명박 정부의 실정(失政)에 대해서는 "이게 다 이명박 때문이야."라고 외치는 목소리가 모깃소리보다 작단 말인가.

변형 그런데 왜 사람들은 이명박 정부의 잘못은 눈감아주며 이중잣대를 적용하는가?

번역 但 人们 为何 对 李明博政府的失误 "睁一只眼闭一只眼", 实施 双重标准?

설명 원문의 의미는 사람들이 '노무현 정부와 이명박 정부의 잘못에 대해 이중잣대를 적용한다.'라는 의미일 것이다. 따라서 '对~实施双重标准'을 쓰면 좋다. 또 '~을 눈감아주다'라는 의미도 있으므로 중국 속담 '对~睁一只眼闭一只眼'을 사용할 수 있다.

卢武铉执政时期, 网民们一发现政府犯错, 就严厉批评说, "成也卢武铉, 败也卢武铉", 在野党则持"逢卢必反"的态度。但人们为何对李明博政府的失误"睁一只眼闭一只眼", 实施双重标准?

chapter 1 한중 번역의 10대 원칙

04
- 명사를 수식하는 긴 관형절은, 수식 받는 명사를 주어로 삼아 절로 바꾸어라.

일반적으로 '긴 관형절+명사' 형태의 구문은 한국어에서 매우 일반적이고 자연스럽지만, 중국어에서는 부자연스럽고 어색하다. 왜냐하면, 중국어에서는 '짧은 관형어(절)+주어+동사+목적어' 형태를 취하거나, 관형어(절) 없이 '주어+동사1, 동사2, 동사3' 과 같은 연동문 형태를 많이 취하기 때문이다.

따라서 '긴 관형절+명사' 형태의 문장은 명사를 주어로 하는 문장으로 변형해야 한다. 그리고 원문의 관형절은, 번역문에서는 주어 뒤에서 연동문처럼 처리한다. 즉 '주어 + (동사1+목적어1+~) + (동사2+목적어2+~)'와 같이 번역한다.

이를 도식화하면 다음과 같다.

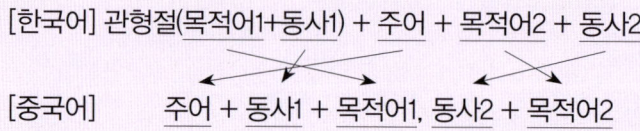

예문 1

❶ 2009년 집권 이후 금융산업의 개혁에 매진한 오바마 정부는 ❷ 기술개발과 무역 활성화를 통한 실물경제의 성장만이 지속 가능한 발전의 길이라는 인식을 하고 있다.

번역과정

❶ 2009년 집권 이후 금융산업의 개혁에 매진한 <u>오바마 정부는</u>

변형 오바마 정부는 2009년에 집권한 이후 계속 금융산업에 대한 개혁을 강화해 왔다.

번역 奥巴马政府 自从2009年执政以来, 一直 加大 对金融产业的改革 力度。

설명 긴 관형절 '2009년 집권 이후 금융산업의 개혁에 매진한'이 명사 '오바마 정부는'을 수식하고 있다. 따라서 수식 받는 명사 '오바마 정부는'을 주어로 바꾸고 앞의 관형절을 주어 뒤에 두어 변형해야 한다.

번역과정

❷ 기술개발과 무역활성화를 통한 실물경제의 성장만이 지속 가능한 발전의 길이라는 인식을 갖고 있다.

변형 생각한다 / 기술개발하고 무역확대해서 실물경제를 키워 야만 / 지속 가능한 길을 갈 수 있다.

번역 认为 只有 发展技术和扩大贸易，以增长实体经济，才 能走上 真正的可持续发展之路。

설명 주어가 '오바마 정부'로 동일하므로 뒤 절에서는 이를 생략하고 바로 동사 '认为'를 쓴다. 또 '~해야만 비로소 …하다' 구문이므로 '只有~才…'를 사용하면 된다.

奥巴马政府自从2009年执政以来，一直加大对金融产业的改革力度，认为只有发展技术和扩大贸易，以增长实体经济，才能走上真正的可持续发展之路。

chapter 1 한중 번역의 10대 원칙

05 • 실질적 주어와 동사를 빨리 파악할수록 번역이 쉬워진다.

1 원문에서 실질적 주어와 동사의 관계를 명확히 파악하는 것이 정확한 번역의 지름길이다.
2 적절한 동사를 될 수 있으면 앞에 놓을수록 번역이 쉬워진다.
  ➡ 한국어 어순과 달리 중국어는 가급적 동사를 앞쪽에 배치한다.
3 주요 호응관계, 즉 동사+목적어의 조합[搭配]을 가급적 많이 암기해두자.

다음 예문을 번역하고 주어와 동사의 관계를 꼼꼼히 살펴보자.

예문 1

❶ 북한은 위성자료를 근거로 핵개발 의혹을 제기한 미국에 대해 ❷ 자신들은 핵을 개발할 의사도 능력도 없다고 반박하면서 ❸ 오히려 남측에 핵무기를 배치하여 북측의 안보를 위협하는 미국의 행태를 비난했다.

번역과정

❶ 북한은 위성자료를 근거로 핵개발 의혹을 제기한 미국에 대해

변형 미국은 위성자료를 근거로 북한이 핵무기를 개발하고 있다는 의혹을 제기했다.

번역 美国 根据 卫星资料, 怀疑 北韩 发展 核武器。

설명 '북한은'은 ❶, ❷ 부분의 공통 주어이다. 그런데 ❶ 부분에서 '미국은'이 실질적 주어이다. 따라서 여기에서는 '미국은'을 주어로 세우고, ❷ 부분에 가서 '북한은'을 주어로 삼는 것이 바람직하다.

번역과정

❷ 자신들은 핵을 개발할 의사도 능력도 없다고 반박하면서

변형 북한은 그렇지만 반박했다. / 핵을 개발할 의사도 없고 능력도 없다고

번역 北韩 则 反驳说， 无意 也无力 开发 核武器

설명 '반박하다'와 '개발하다'의 실질적 주어는 모두 '북한'이다. 따라서 동일한 주어 '北韩' 하나만 사용하면 된다. 또 '~할 의사도 없고 능력도 없다'는 '无意也无力+동사'라고 번역하면 된다. '핵을 개발하다'는 곧 '핵무기를 개발하다'이므로 '开发核武器' 또는 '发展核武器'라고 옮긴다.

번역과정

❸ 오히려 남측에 핵무기를 배치하여 북측의 안보를 위협하는 미국의 행태를 비난했다.

변형 동시에 비난했다. / 미국이 남측에 핵무기를 배치하여 북측의 안보를 위협하고 있다고

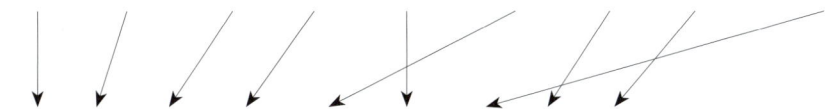

번역 同时 指责 美国 在韩国 部署 核武器 威胁 它的 安全。

설명 이 부분에서는 특히 실질적인 주어를 찾는 것이 중요하다. '비난하다'의 주어는 '북한'이고 목적어는 뒤의 절 전체이다. 하지만 '배치하다'와 '위협하다'의 주어는 '미국'이며 객체는 '북한'이다. 따라서 앞 절에는 주어 '北韩'이, 뒤 절에는 주어 '美国'가 와야 한다. 다만 ❷ 부분의 주어와 같기 때문에 ❸ 부분의 주어 '北韩'을 생략했다.

전체번역

美国根据卫星资料，怀疑北韩发展核武器。北韩则反驳说，无意也无力开发核武器，同时指责美国在韩国部署核武器威胁它的安全。

chapter 1 한중 번역의 10대 원칙

- 중요하지 않은 내용은 먼저 독립구(절) 형태로 떼어내라. 긴 원문이 단순해진다.

1 문장 앞으로 빼는 말
  ❶ 시간(연도, 날짜 등), 장소, 사건, 순서 등 부사구
    新世纪以来, ~ (21세기 들어 ~)
    改革开放以来, ~ (개혁개방 이후 ~)
    继~之后, … (~에 이어서, …)
    上世纪90年代以来, ~ (1990년대 이후 ~)
  ❷ 목적, 원인, 자격 등
    为了解决贸易纠纷, ~ (무역분쟁 해소를 위해 ~)
    作为联合国安理会常任理事国的一员, ~ (UN 안보리 상임이사국의 일원으로서 ~)
  ❸ 배경 설명 등
    随着经济社会的持续发展, ~ (경제와 사회가 지속 발전하면서 ~)
  ❹ 연결사, 접속사, 인용 등
    与此同时, ~ (이와 동시에 ~) / 与此相反, ~ (이와 반대로 ~)
    结果, ~ (그 결과 ~)
    正如~所说的那样, … (~가 말했던 것처럼 …)

2 문장 뒤로 빼는 말
  ❶ 감정, 느낌
    ~, 令人感到遗憾。(~하여 안타깝기 그지없다.)
  ❷ 평가, 가치
    ~, 值得我们注意。(~에 주목할 필요가 있다.)

예문 1

❶ 최근 들어 도시화 등 중국 사회의 구조적 변화가 거세게 일면서 ❷ 졸업 후에도 도시에 남아 일자리를 찾으려는 대학생이 늘었다. ❸ 이들은 대도시를 중심으로 이른바 '개미족'이 되어 사회의 골칫거리로 떠오르고 있다.

번역과정

❶ 최근 들어 도시화 등 중국 사회의 구조적 변화가 거세게 일면서

변형 최근 들어, 중국사회에 도시화 및 기타 일련의 구조적 요소의 발생 에 따라

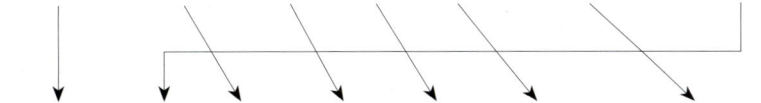

설명 '최근 들어'는 시간을 나타내는 단순한 부사이므로 문장 앞으로 뺀다. 또 ❶, ❷ 전체에서 '~변화가 거세게 일면서'는 '随着~的变化'로 바꿀 수 있으며, 이 부분을 앞으로 빼면 나머지 문장이 간단해진다.

번역과정

❷ 졸업 후에도 도시에 남아 일자리를 찾으려는 대학생이 늘었다.

변형 점점 더 많은 대학 졸업생들이 대도시에서 취업하기를 선택한다.

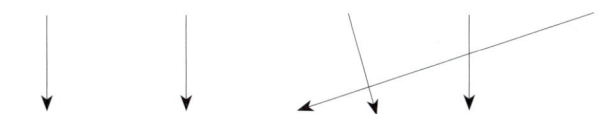

설명 원문에서 관형절 '졸업 후에도 도시에 남아 일자리를 찾으려는'이 명사 '대학생'을 수식하고 있다. 따라서 명사 '대학생'을 주어로 삼고, 관형절을 그 뒤에 두고 변형한다. 즉 (1) '점점 더 많은 대학생이 졸업 후에도 대도시에 남아서 취업하려고 한다.' 또는 (2) '점점 더 많은 대학 졸업생들이 대도시에서 취업하기를 선택한다'와 같이 변형하면 번역이 한결 수월해진다. 위의 번역은 (2)이다. (1)의 경우, '越来越多的大学生在毕业以后，留在大城市继续找工作。'가 될 것이다.

chapter 1 한중 번역의 10대 원칙

번역과정

❸ 이들은 대도시를 중심으로 이른바 '개미족'이 되어 사회의 골칫거리로 떠오르고 있다.

변형 그 결과 대도시에는 점차 '개미족'이 출현했다. / 게다가 심각한 사회문제가 되었다.

번역 结果, 在大城市中 逐渐 出现 "蚁族", 并 演变成为 严重的 社会问题。

설명 원문에서 주어 '이들은'은 이미 ❷에 언급한 '대학 졸업생들'이므로 반복할 필요가 없다. 그 대신 '개미족의 출현'은 ❶, ❷의 결과임을 설명하는 연결사를 넣어주면 논리성 차원에서 바람직하다. 따라서 맨 앞에 '结果,'(그 결과, ~)를 둔다. 이 부분은 또한 개미족이 '출현했다'라는 것이 주요 내용이므로 '존현문(存现文)'을 사용해야 하며, 어순은 '부사어+동사+주어'(도치구문)이다. 또 동사 '출현하다'와 '(사회문제가) 되었다'의 공통 주어는 '개미족'이므로, 뒷부분에는 따로 주어를 쓸 필요가 없다.

전체번역

　　近些年来，随着中国社会城市化及其他一系列结构性因素的变化，越来越多的大学毕业生选择在大城市就业。结果，在大城市中逐渐出现"蚁族"，并演变成为严重的社会问题。

07 · 비유적 표현

1 만약 중국어에 유사한 표현이 없다면 원문의 의미를 살려 객관적이고 평이하게 번역한다.
2 반대로 원문은 평이한 표현이더라도 비유적 표현을 사용하여 효과를 극대화할 수 있다.

한국어의 비유적 표현을 중국어로 그대로 옮겼을 때 중국인이 이해하지 못한다면, 반드시 객관적인 표현으로 바꿔서 번역해야 한다. 어떤 경우든 번역했을 때 청자나 독자가 이해하지 못했다면 오역이거나 최소한 적절한 번역은 아니다. '원문의 내용을 의미나 가치의 손실 없이 상대의 언어로 옮기는 것'이 통역 또는 번역의 진정한 취지이기 때문이다. 통역(번역)은 단어를 옮기는 것이 아니라 의미나 가치를 옮기는 일임을 잊지말자.

예문 1
'슈퍼 갑(甲)'의 지위를 악용해 하청업체 '돈을 뜯는' 대형건설사의 작태는 지주와 뭐가 다른가.

변형 대형건설사는 계약상 우위를 이용해 협력업체의 이익을 빼앗는다 / 이는 지주(地主)와 다름없다.

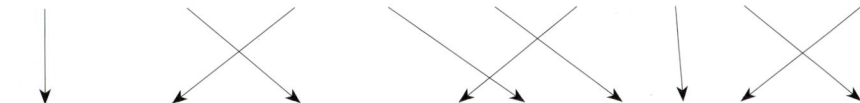

번역 大型建设企业 利用 合同上的优势地位, 剥夺 转包商的 利益, 这 与 封建社会时期的地主 其实没有两样。

설명 원문의 실질적 주어는 '대형 건설사'이고 관형절 '슈퍼 갑의 지위를 악용해 하청업체의 삥을 뜯는' 부분을 수식하고 있으므로, 관형절을 주어 뒤에 두어 절로 만든다. 원문에 등장하는 비유적 표현 '슈퍼 갑', '돈을 뜯다'는 각각 '계약상의 우위', '이익을 불법으로 빼앗다(착취하다)'와 같이 객관적이고 평이한 표현으로 바꿔 번역하는 것이 바람직하다.

chapter 1 한중 번역의 10대 원칙

참고로, 대형 건설사들은 보통 정부의 건설 프로젝트를 수주하는 '원청업체'로서 중국어로는 '承包商', '承包公司'라고 하고, 이들로부터 다시 도급 계약을 체결하는 '하청업체(협력업체)'는 '转包商', '转包公司'라고 한다.

예문 2 한중 경제는 이미 **떼려야 뗄 수 없는** 긴밀한 관계로 발전했다.

변형 한중 양국의 경제는 이미 '상호 의존성이 매우 높은' 긴밀한 관계를 형성했다.

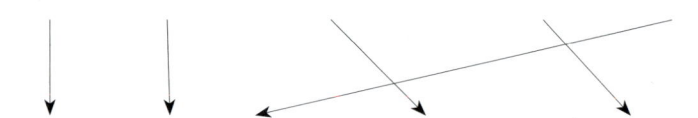

번역1 韩中两国的经济 已经 形成了 "你中有我，我中有你" 的紧密联系。

번역2 韩中两国的经济已经形成了密不可分的关系。

설명 원문에서 '떼려야 뗄 수 없는'은 평이한 표현이며 이는 '密不可分'으로 번역할 수 있다. 한편 한국어에는 없지만, 중국어에는 존재하는 비유적 표현 '你中有我，我中有你'(상호 의존성이 매우 높은)를 사용하면 원문의 의미를 효과적으로 전달할 수 있다.

08 주어가 없으면 적절한 주어를 설정하라.

1 专家们分析，～/ 专家们介绍，～/ 专家预测，～ (전문가들은 ～라고 예측한다.)
2 有人说，～ (～라는 의견도 있다.)
3 据分析，～ (～라는 분석도 있다.) / 据预测，～ (～라는 예측도 있다)

한국어에는 주어가 없는 문장이 흔하다. 중국어 역시 회화체에서는 주어를 생략하기도 하지만, 문어체 문장은 한국어보다는 주어를 사용하는 경우가 많다. 따라서 주어가 없는 문장, 가령 피동태로 표현된 문장은 적절한 주어를 설정해 주면, 논리적이고 명확한 번역이 된다.

예문 1 구글이 중국 사업을 철수한 것은 중국의 인터넷 검열에 따른 불만 때문인 것으로 풀이된다.

변형 전문가는 말한다 / 구글이 중국에서 철수했다 / 아마 중국의 인터넷 검열에 대한 불만 때문이다.

번역 专家们分析，谷歌 退出了 中国市场，很可能 是因为 它 对 中国政府 监督网络 感到 不满。

설명 원문에서 '～으로 풀이된다.'는 주어가 생략된 피동태 구문인데, 원문 형태를 살려서 '주어+被认为+～'로 표현할 수 있다. 그러나 중국어는 일반적으로 주어를 써 주어야 한다. 만약 원문의 내용이 전문성이 강하다면 '专家们称，～'(전문가가 말하기를), '据专家分析，～'(전문가의 분석으로는) 등으로 표현한다. 만약 전문성이 강하지 않고 주어가 모호한 경우라면 최악에는 '有人说，～', '据悉，～', '据分析，～' 등의 표현도 가능하다.

한중 번역의 10대 원칙

09
- 전문용어, 관용어 등은 반드시 확인하여 정확한 용어를 찾아야 한다.

1. 정확한 전문용어를 사용하여 번역하는 것은 번역가의 기본 의무이다.
2. 성어, 속담, 헐후어(歇後語), 관용어 등 숙어(熟語)의 용법을 정확히 숙지하여 번역해야 한다.

예문 1 블룸버그 통신은 도요타의 리콜 사태로 인한 영업손실이 50억 달러를 넘을 것이라고 보도했다.

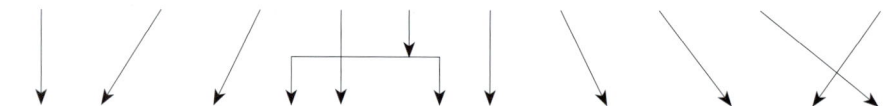

변형 블룸버그가 보도했다 / 도요타가 리콜 로 인해 입은 영업손실 / 아마도 50억 달러를 넘을 것이다.

번역 彭博社 报道称，丰田公司 因为 召回事件 而 遭受的 营业收入损失 很可能 超过 50亿美元。

설명 원문에는 '블룸버그 통신', '도요타 사(社)', '리콜 사태', '영업손실' 등 다양한 분야의 전문용어가 등장하며, 이를 정확한 용어로 옮겨야 한다. 특히 일본과 관련한 전문용어는 원어와 중국어 발음이 전혀 다르므로 미리 검색해서 숙지해 두어야 한다.

예문 2 타산지석이란 말이 있듯이 그리스의 위기를 교훈 삼아 금융개혁에 더욱 박차를 가해야 한다.

변형 타산지석 이란 말처럼 / 우리는 그리스 위기에서 교훈을 얻어 / 금융개혁에 박차를 가해야 한다.

번역 常言道：他山之石，可以攻玉。我们 应从希腊经济危机中 汲取教训，加快 金融改革 的 步伐。

설명 원문에서 '타산지석'은 중국 고전에서 온 말이 맞다. 하지만 축약형이 아닌 원형 그대로 '他山之石，可以攻玉'라고 표현해야 올바르며 의미도 정확히 전달된다.

memo

chapter 1 한중 번역의 10대 원칙

10
- 원문에 잘못된 표현, 부적절한 표현이 있다면 사전에 미리 확인해야 한다.

1. 언어 지식이 부족하여 어법에 맞지 않는 표현을 사용한 원문은 사전에 저자(번역), 연사(통역)에게 확인해야 한다.
2. 확인이 어려운 텍스트의 경우, 문맥을 참고하여 원문의 의도를 파악한 후 번역해야 한다.

예문 1
후보자에 대한 철저한 **옥석 구분**을 통해 진정 국민을 위해 헌신할 대통령을 뽑아야 한다.

변형 후보자를 철저히 검증한다 / 이로써 진정한 대통령을 뽑는다 / 그에게 국민에게 헌신하도록 한다.

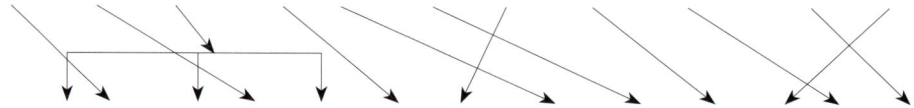

번역 我们 应 对 候选人 进行 严格的 验证，以便 选出 最合适的 总统，使其 能为 国民 作出 贡献。

설명 원문에서 가장 주의해야 할 표현이 '옥석 구분'이다. 우리는 보통 이를 '옥(玉, 좋은 것)과 석(石, 나쁜 것)을 구분(区分)하다.'라고 생각하고 실제로 그렇게 말한다. 그러나 이는 틀린 말이다. 왜냐하면 '옥석 구분'은 '玉石区分'이 아니라 '玉石俱焚'에서 온 말이기 때문이다.

원래 '옥석 구분(玉石俱焚)'은 《서경(書經)》의 《하서(夏書)》에 나오는 말로, '옥(玉)과 돌(石)이 함께(俱) 타다(焚)', 즉 '좋은 것(선인)과 나쁜 것(악인)이 함께 재앙을 당하다.'라는 부정적인 의미를 담고 있다. 따라서 원문의 의도에 충실히 따른다면, '옥석 구분이 되지 않도록 후보자에 대한 철저한 검증을 통해 국민에게 헌신할 대통령을 뽑아야 한다.'가 될 것이고 이 의미에 맞게 번역해야 한다.

따라서 이미 상당수 사람이 '옥석(玉石)을 구분(區分)하다.'의 의미로 사용하고 있는 상황에서, 우리가 해야 할 일은 아이러니하게도 원래 의미에 충실하게 '옥석구분(玉石俱焚)'의 뜻으로 표현한 텍스트인지 아닌지를 확인하는 것이다.

예문 2 남북관계의 개선을 위해 양측 모두 자극적인 발언이나 행동은 **삼가해야 한다**는 지적이 많다.

변형 전문가들은 촉구한다 / 양측 모두 자제하고 자극적 언행을 피해야 한다 / 남북관계 개선을 위해

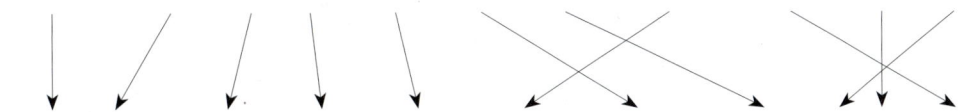

번역 专家们 呼吁 南北韩双方 都应 保持克制，避免 做出刺激对方的 言行，以 改善 双边关系。

설명 원문에서 가장 문제가 되는 표현은 '~을 삼가해야 한다'이다. 올바른 표준어는 '삼가다'이며 '삼가하다'라는 말은 없다. 굳이 따지자면 '삼가하다'는 '삼가서 ~을 하다'의 준말이므로 결국은 '조심스럽게 ~을 하다'라는 정반대의 단어가 된다. 하지만 원문의 의도는 '자극적인 발언이나 행동을 해야 한다.'라는 의미는 결코 아닐 것이다. 이는 어디까지나 표준어에 대한 이해 부족에 의한 잘못된 표현이므로, 원문의 의도를 파악하여 그것에 맞게 번역하는 지혜가 필요하다.

chapter

2

핵심 한중번역 구문 30

1. 핵심 구문을 숙지한다.
2. 어순을 정확하게 파악한다.
3. 사전을 제대로 활용한다.
4. 전체적인 맥락을 잡는다.

chapter 2 핵심 한중번역 구문 30

01 (~을) 가져오다, (~을) 초래하다

표현 给 A 带来 B | 给 A 造成 B

용법 일반적으로 부정적인 의미일 때 '给 A 造成 B'를 사용한다. 또 '给 A 带来 B' 구문은 긍정적, 부정적 의미일 때 모두 사용할 수 있다.

예문 미국의 서브프라임 사태는 한국 경제에 치명적인 악영향을 가져다 주었다.

번역 美国次贷危机 给 韩国经济 带来 致命的打击。

설명 'A에게 B를 가져오다' 구문이므로 '给A带来B' 문형을 사용하면 된다. 구체적으로 보면 '주어+给+대상+带来+목적어' 구문이다. 또한, 원문은 부정적인 의미이므로 '带来' 대신 '造成'을 써도 된다.

예제 1 인터넷의 익명성은 더 큰 자유를 가져다주었지만, 덕분에 저속하고 선동적인 말들로 넘쳐났다.

예제 2 경제성장과 과학기술의 발전은 물질적 풍요로움과 더불어 심각한 생태계의 파괴를 초래했다.

예제 3 아이티에서 발생한 진도 6.3의 강진으로 최소한 22만 명이 사망하고 계산할 수 없는 재산손해를 입었다.

번역 网络的匿名性给我们带来了更大程度上的自由，但也带来了污言秽语和煽动性言论。

번역 经济增长和科技发展给人类带来了物质财富，同时也造成了严重的生态环境破坏。

번역 海地发生里氏6.3级大地震，造成了22万多人丧生和巨额财产损失。

02 (~을) 감안할 때, ~한 만큼, (~을) 고려할 때

표현 鉴于 ~, 考虑到 ~

용법 일반적으로 문장 맨 앞에 두며, 뒤에는 구 또는 절이 온다.

예문 최근 일본 정치인의 언행을 감안할 때 과거사 발언의 진정성을 발견하기 어렵다.

번역 鉴于 目前 部分日本政客的言行，我们很难相信 他们对过去罪行的道歉 是真心诚意。

설명 '鉴于' 뒤에 명사형(言行)이 온 경우이다. 뒤 절의 경우 '진정성을 발견하기 어렵다'를 '진정성이 있다는 것을 믿기 어렵다'와 같이 풀어주면 번역이 쉬워질 것이다.

예제 1 최근 유럽 경제위기의 심각성을 감안할 때, 국제유가가 배럴당 100달러를 넘어 최고치를 경신하는 것은 시간문제다.

번역 鉴于欧洲经济危机持续恶化，国际油价将会超过100美元一桶而创下新高，这只不过是时间早晚的问题而已。

예제 2	2차 대전 이후 임기를 채운 일본 총리가 3명에 불과한 만큼, 국제무대에서 지지율이 낮은 일본 총리를 대화 상대로 잘 대하지 않는 것은 어쩌면 당연하다.	번역	二战以来，只有3名日本总理在任期结束后下台。考虑到这一点，支持率较低的日本总理很难在国际舞台上获得重视，这是理所当然的。
예제 3	사병 월급 인상이나 군 복무 기간 단축 등 '휘발성' 강한 이슈가 꼭 대선 기간에만 논의된다는 점을 보면 역시 대선 후보들이 60만 명에 달하는 젊은 남자들 표의 '유혹'을 뿌리치기란 마약 끊기보다 어려운가 보다.	번역	鉴于直到总统投票期间才讨论提高士兵工资或缩短服兵役时间等棘手难题，对总统候选人来说，多达60万的年轻男性的选票确实是难以抵制的诱惑。

03 (~과) 같은, 가령 ~ 같은, ~ 등(等)

표현 ① 如~, ② 即~

용법 두 가지 경우가 있다. 먼저 예를 들어 열거(列擧)하는 경우에는 ①을 사용하고, 동격(同格)이나 환언(換言)을 나타내는 경우 ②를 사용한다. 차이점은 ①은 해당하는 예 중 일부만을 나열하고 ②는 해당하는 예 모두를 나열한다. '如'와 '即'는 둘 다 설명하는 말 뒤에 둔다.

예문1 군 위안부, 역사 교과서 왜곡 등 한일 양국간 미래지향적 발전을 저해하는 요소는 많다.

변형 한일양국은 / 역사적 문제 때문에 / 예를 들어 A, B / 그래서 진정한 발전을 이룰 수 없다.

번역 韩日两国 因 历史问题, 如 慰安妇、歪曲历史教科书等 而 无法实现真正的发展。

설명 한일 양국의 발전을 저해하는 많은 요소 가운데 일부의 예를 들고 있으므로 '即'가 아닌 '如'를 써야 한다. 또 'A 때문에 B하다'는 '因(为)A, 而B' 구문을 사용하면 된다.

예문2 어렵고 더럽고 위험한 3D 업종은 인력난이 가중되고 있지만 젊은 층은 여전히 이를 외면한다.

변형 3D 업종 / 즉 A, B, C는 / 인력난에 직면해 있다 / 그러나 젊은이들에게 환영을 못 받는다.

번역 3D行业, 即 辛苦、肮脏、危险的工作, 虽然正面临着招聘人才难的问题, 但仍不受年轻人的欢迎。

설명 3D 업종 모두를 설명하는 표현이므로 '如'가 아니라 '即'를 써야 한다. 또 '求人难'은 '人工荒'이라고도 표현한다. 원문에서는 주어가 '인력난'과 '젊은 층' 두 개지만 이를 하나의 주어로 통일하면 문형이 매우 간단해진다.

예제 1	석탄, 석유, 천연가스와 같은 화석연료는 언젠가 고갈되기 때문에 태양에너지, 풍력에너지 등 신재생에너지 기술을 개발하려는 경쟁이 치열하다.	번역	化石燃料，如煤炭、石油、天然气等，不是"取之不尽、用之不竭"的资源。为此，在全球范围内正掀起一股开发

chapter 2 핵심 한중번역 구문 30

예제 2 골드만삭스(Goldman Sachs)는 브릭스(BRICs)를 대신하여 멕시코, 인도네시아, 한국, 터키를 뜻하는 이른바 '미스트(MIST)'가 세계 경제를 주도할 것이라고 전망했다.

예제 3 '아시아의 별'이라 불리는 보아의 성공적인 일본 무대 진출 이후, 동방신기, 카라, 소녀시대 등 수 많은 한류 아이돌 그룹이 일본에서 큰 사랑을 받고 있다.

新可再生能源，如太阳能、风能等的热潮。

번역 高盛集团预测，"迷雾四国"，即墨西哥、印度尼西亚、韩国以及土耳其，将取代"金砖四国"带动全球经济发展。

번역 被誉为"亚洲之星"的宝儿在日本风靡一时后，不少韩国偶像组合也纷纷进入日本乐坛，如今正备受日本观众的青睐，如东方神起、KARA、少女时代等。

04 (~에서야) 겨우, (~에 와서야) 비로소

표현 直到~，才… / 直至~，才…
용법 ~ 부분에 시간을 나타내는 말을 둔다. 才 앞에는 주어가, 뒤에는 동사가 온다.
예문 여성이 참정권을 가지게 된 것은 노예해방으로부터 50년 이상이 지난 20세기 초반에 이르러서였다.
변형 20세기 초반 이 되어서야, 즉 노예해방 50년 이상 지난 후, 여성은 비로소 참정권을 얻었다.

번역 直到 上世纪初，即黑奴获得解放50多年后， 妇女们 才 能获得了选举权。

설명 일반적으로 '直到~，才…' 구문은 한국어와 어순이 다르다. 한국어는 주어가 먼저 오고 뒤에 시간을 나타내는 말이 온다. 그러나 중국어는 '直到+시간, 주어+才+동사'의 형태로 표현한다.

예제 1 1950년대 이중간첩으로 몰려 사형을 당했던 한 북파 공작원은 2012년이 되어서야 무죄 판결을 받았다.

예제 2 일본 대중문화 개방은 1998년 김대중 대통령의 방일 후에야 비로소 단계적으로 이루어졌으며, 그 후 한류의 확산 등을 통해 한일 양국 간 문화 교류에 크게 이바지했다.

예제 3 지금까지 과학 분야에만 16명의 노벨상 수상자를 배출한 일본을 볼 때, 아직 소식이 없는 한국은 금세기 중반은 돼야 겨우 노벨상을 받을 것이란 비관적인 전망이 많다.

번역 上世纪50年代，有一个曾被派遣到北韩的特务因涉嫌双重间谍而被判死刑，直到2012年才能被判无罪。

번역 直到1998年，前总统金大中访问日本后，韩国才分阶段地向日本开放大众文化市场，此后，通过韩流等形式促进韩日两国的文化交流迅速发展。

번역 时至今日，已有16名日本科学家获得诺贝尔奖。与此相反，韩国至今无人获得诺贝尔奖。不少人悲观地预测，直到本世纪中叶，才可能出现韩国籍诺贝尔奖得主。

05 (~을) 계기로

표현 以~为契机

용법 삽입구 형태로, 주어 뒤 또는 문장 맨 앞에 위치한다.

예문 미국은 911테러 사건 을 계기로 대외전략을 선제공격 및 테러와의 전쟁으로 바꿨다.

번역 美国 以 911恐怖袭击事件 为契机，将对外战略 转向 "先发制人" 及 "反恐战争"。

설명 '以~为契机'는 삽입구에 불과하므로 번역할 때는 이를 제외한 나머지 부분만 생각한다. 즉 나머지 부분이 '주어+목적어+서술어'이므로 将(把)자 구문을 사용하면 된다. 구체적으로 '주어+将+목적어+转向~' 구문을 사용한다.

예제 1 한일 두 나라는 2002 월드컵 공동개최를 계기로 경제협력은 물론 문화 및 인적 교류도 강화해 왔다.

번역 以共同举办世界杯赛为契机，韩日两国不仅加强了经济合作，还加大了文化与人员交流的力度。

예제 2 개혁개방 30주년을 계기로 중국은 과학발전관 추진과 더불어 조화로운 사회 실현에 박차를 가하고 있다.

번역 以改革开放30周年为契机，中国正抓紧贯彻科学发展观，加快实现和谐社会。

예제 3 한중 수교 20주년을 맞아 양국 관계의 발전 과정을 되돌아보고 앞으로 지속적인 발전을 도모하는 다채로운 행사가 최근 두 나라 곳곳에서 열리고 있다.

번역 以韩中建交20周年为契机，韩中两国各地纷纷举行丰富多彩的活动，回顾20年来两国关系的发展进程，谋求今后可持续发展的方向。

---

06 (~을) 골자로 하는, (~을) 핵심으로 하는

표현 旨在~的+명사

용법 일반적으로 명사를 수식하는 관형어(절)로 사용한다. 명확하게 '~을 골자로 하는'이란 표현이 없더라도 의미상 '주요 내용이 ~이다'를 포함하고 있다면 이 표현을 사용하여 번역할 수 있다.

예문 UN은 온실가스 배출감소를 골자로 하는 <교토의정서>가 즉시 발효된다고 16일 공식 발표했다.

번역 联合国 16日正式宣布，旨在 减少全球温室气体排放的 《京都议定书》 从即日起生效。

설명 먼저 '~을 골자로 하는', '~을 핵심으로 하는' 부분을 빼는 것이 번역 요령이다. 그러면 'UN은 〈교토의정서〉가 즉시 발효된다고 발표했다.'만 남으므로 전형적인 '주어+목적어+서술어' 구문으로 단순해진다. 그리고 나서 목적어인 〈교토의정서〉를 수식하는 관형어로서 '旨在~的'를 마지막에 삽입해주면 번역은 끝난다.

chapter 2 핵심 한중번역 구문 30

예제 1	고소득층에 대한 소득세율 인상을 골자로 하는 '버핏세' 도입을 주장하는 목소리가 높지만, 정부와 재계는 한 목소리로 반대하고 있다.	번역	目前，韩国国内要求引进"巴菲特税"的呼声日益高涨。该法案旨在对百万富翁提高所得税率的，但遭到韩国政府和经济界的普遍反对。
예제 2	정부는 밀과 옥수수 등 쌀을 제외한 전략적 곡물 비축 제도를 통해 식품가격 안정 및 식량안보 달성을 모색하고 있다.	번역	韩国正考虑建立谷物战略储备，旨在储备除稻米外的主要谷物，如小麦、玉米等，其目的在于尽可能稳定食品价格，确保粮食安全。
예제 3	국방부가 추진 중인 '차세대 전투기 사업'은 2016년부터 60대의 최첨단 전투기를 도입하는 사업으로 금액만 무려 8조 원이 넘는다.	번역	韩国国防部正推行"下一代轰炸机事业"，旨在自从2016年起购买60架尖端轰炸机，所需费用竟达8万多亿韩元。

07 (~한) 덕분에, (~한) 탓에

표현 ① 得益于~ | ② 归咎于~

용법 긍정적인 대상인 경우는 '得益于~', '归功于~'를 사용하고, 부정적인 대상인 경우 '归咎于~', '归罪于~'를 사용한다.

예문 한국은 뼈를 깎는 구조조정과 국민의 동참 에 힘입어 3년 8개월 만에 IMF를 졸업했다.

번역 韩国 得益于 刻苦的结构调整和全体国民的积极参与，仅用3年8个月就 还清了IMF救助贷款。

설명 '~에 힘입어'(삽입구)를 생략하면 원문은 주어(한국은)+목적어(구제자금을)+서술어(다 갚았다)로 단순해진다. '3년 8개월만에'는 '3년 8개월만'을 사용하여 '이미~'로 변형할 수 있으며, '就'를 넣어줌으로써 '생각했던 것보다 이르다'의 의미를 부여한다. 이 문장에서 가장 어려운 'IMF 졸업'은 'IMF에서 지원받은 구제금융을 모두 갚았다.'라는 의미를 정확히 파악해야 올바른 번역이 가능하다. 직역하여 '毕业于国际货币基金组织'라고 하면 올바른 번역이라고 볼 수 없다.

예제 1	1951년 샌프란시스코 조약에 독도의 한국 반환 규정이 명시되지 않은 탓에 일본 정치인들이 여전히 독도 영유권을 주장하고 있다고 일부 학자들은 말한다.	번역	部分学者认为，日本政客时至今日还主张独岛属于日本，这得归咎于1951年签订的《旧金山条约》没有明确规定"独岛是韩国的领土"。
예제 2	나의 모든 것은 어머니 덕분이다. 그리고 나의 성공은 어머니에게서 물려받은 지덕체 교육이 없었다면 불가능했을 것이다.	번역	我所有的一切都归功于母亲，我一生中所有的成就都得益于我从她那儿得到的德、智、体教育。
예제 3	미국 정가(政街)에서는 중국이 일자리를 빼앗아 가 실업이 높아지고 위안화 환율을 조작하여 무역 불균형이 발생한다고 주장하지만, 중국 정부는 반대로 그들이 유권자들에게 잘 보이려고 중국을 희생양으로 삼고 있을 뿐이라는 생각이 지배적이다.	번역	不少美国领导人把失业归罪于工作机会大量移到中国，把贸易失衡归咎于中国操作人民币汇率。但中国领导人普遍认为，他们这种想法只不过是为了讨好选民，故意把中国当成"替罪羊"而已。

08 (~을) 둘러싸고, (~을) 놓고

표현 围绕着~(问题)
용법 뒤에 '问题'를 덧붙이기도 하고, 구체적인 사안 이름이 오기도 한다. 보통 '围绕着~(问题)议论纷纷', '围绕着~(问题)众所纷纭', '围绕着~(问题)展开激烈争论' 형태로 사용한다.
예문 최근 성범죄가 급증하면서 사회적으로 물리적 거세를 둘러싼 논쟁이 뜨겁다.

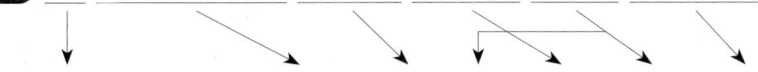

번역 目前 在韩国社会里，性犯罪激增，人们 围绕着 "物理阉割" 问题 议论纷纷。

설명 원문은 '최근 한국 사회에 성범죄가 급증하고 있다', '사람들은 물리적 거세를 둘러싸고 논쟁을 벌이고 있다'의 두 문장으로 분해할 수 있다. 특히 '사회적으로'는 구체적으로 '한국 사회', '한국인' 등으로 번역하거나, '在韩国社会里，人们~'과 같이 옮겨도 좋다. 즉 어느 나라인지 명확히 밝히는 것이 좋다.

예제 1 먼저 '파이'를 최대한 키우느냐, 아니면 먼저 그 '파이'를 공평하게 분배하느냐를 두고 우리 사회는 끊임없이 논쟁하고 있다.
번역 在韩国社会里，人们围绕着先追求财富增长最大化，还是先追求利益分配公平化展开激烈争论。

예제 2 사형집행의 재개 여부를 두고도 말이 많지만, 본질적으로 사형제 자체의 존폐 문제가 여전히 우리 사회의 '뜨거운 감자'다.
번역 目前，人们围绕是否应重新启动执行死刑判决众说纷纭。最根本的问题是应否废除死刑制度本身，这可以说是当今韩国社会的"烫手山芋"。

예제 3 공무원 시험에 응시하는 예비군 장병에 대한 군(軍) 가산점 부여 문제가 재점화되어 치열한 논쟁 중이다.
번역 目前，围绕对退役士兵报考公务员考试时是否应该加分的问题，人们重新展开激烈争论。

09 (~함에) 따라, ~과 더불어

표현 随着~, 伴随着~
용법 이와 같은 삽입절(구)을 만나면 우선 앞으로 떼어놓고 나머지 부분을 번역한다.
예문 생활 수준이 높아짐에 따라 사람들은 취미를 즐기고 기부에 눈을 돌리기 시작했다.

번역 随着生活质量的逐渐提高，人们 开始 享受自己的爱好，积极参加慈善活动。

설명 '~함에 따라' 부분을 우선 앞에 배치한다. 나머지 문장은 '사람들은 ~하기를 시작했다'이므로 단순한 주어+목적어+서술어가 된다. '기부에 눈을 돌리다'는 '기부에 참여하다'로 바꿔 번역하면 된다. 그리고 '취미를 즐기다'와 '기부에 참여하다'의 공동 목적어가 '~을 시작하다'이므로 주어인 '사람들(人们)' 뒤에 바로 '开始(~을 시작하다)'를 두어야 한다.

chapter 2 핵심 한중번역 구문 30

예제 1	여성의 사회참여가 늘면서 육아문제, 이혼율 증가 등 각종 사회문제가 이슈가 되고 있다.
예제 2	사람들의 식습관이 서구화하면서 고혈압, 당뇨병, 암 등 심혈관계 질병도 크게 늘고 있다.
예제 3	글로벌화가 진행되면서 기후변화와 같이 모든 나라가 협력해야 할 문제도 많아지고 있다. 만약 지구촌 모든 나라의 공조가 없다면 온실효과와 같은 재앙을 막을 길이 없을 것이다.

번역 随着越来越多的女性参与社会事务，育儿、离婚率上升等社会问题层出不穷，备受关注。

번역 伴随着人们的饮食习惯趋于西化，患上各类心血管疾病，如高血压、糖尿病、癌症等的人数也随之增加。

번역 随着全球化的日益深化，越来越多的问题需要各国共同应对，如气候变化问题。如果没有世界各个国家通力合作，我们就不能解决温室效应这一可怕的灾难。

10 ～때문에, ～으로 인해 (인과 관계)

표현 사역형 '使(得)~' 구문을 통해 인과(因果) 관계를 나타낸다.

용법 물론 '由于～, 所以…' 구문을 쓸 수도 있다. 그러나 사역형 '使(得)～' 구문을 사용해서 번역할 수도 있다. '使(得)～' 앞부분이 원인을, '使(得)～' 뒷부분이 결과를 나타낼 수 있다.

예문 중국은 산아제한 정책 때문에 4년 늦게 13억에 도달할 수 있었다.

변형 중국은 산아제한 정책을 실시했다 / 총인구가 13억에 도달하는 시간(으로 하여금) / 4년 늦었다.

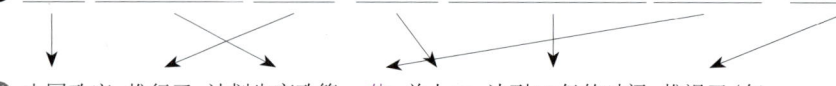

번역 中国政府 推行了 计划生育政策， 使 总人口 达到13亿的时间 推迟了4年。

설명 원문을 두 부분으로 나눈다. 즉 (1) '중국은 산아제한 정책을 실시했다.' (2) '(이것이) 총인구로 하여금 13억에 도달하는 시간을 4년 늦추게 했다.'로 나누면 '使' 구문이 적절함을 알 수 있다.

예제 1	김대중 정권이 추진했던 햇볕정책을 폐기한 이명박 정부의 강경한 대북 노선 때문에 남북 관계는 최악으로 치달아 회복의 기미가 보이지 않는다.
예제 2	비축석유 방출을 통해 공급량 확대를 강구하겠다는 미국의 발표가 있자 국제유가는 지난 2일 큰 폭으로 하락했다. 특히 런던과 뉴욕 시장의 유가는 10일 연속 하락했다.
예제 3	우리나라의 교육제도를 보면 현시점의 공부능력에만 초점을 맞춘 채 아이들의 잠재력 개발에는 관심이 없다. 그러다 보니 영재를 범재로 만들고 수재에게 자질구레한 일이나 시키는 우를 범하고 있는 것이다.

번역 韩国李明博政府抛弃金大中政府时推行的所谓"阳光政策"，对北韩实行强硬政策，使南北韩关系持续恶化，如今尚未出现回暖的迹象。

번역 美国政府正研究释放储备石油以增加供应的消息，使得2日的国际油价大幅下跌，特别是使得伦敦和纽约市场原油价格连续第10天下跌。

번역 韩国教育制度只注重学生现在的学习能力，而不重视挖掘潜在的能力，使得优秀人才变成凡人，大材小用。

11 마땅히 (~해야 하는), 당연한~, ~할 의무가 있는

표현 应有的+명사

용법 보통 명사를 수식하는 관형어로 사용한다. 기본 의미는 '마땅히 해야만 하는~'이다. 하지만 원문에는 이런 표현이 들어 있지 않은 것이 보통이다. 따라서 원문을 변형하여 '마땅히 ~ 해야 하는', '~할 의무가 있는', '~해야만 하는'의 의미가 들어가면 이 표현을 사용하면 유용하다.

예문 기업은 부가가치 창출은 물론이고 사회적 책임 이행에 더 눈을 돌려야 한다.

변형 기업은 부가가치를 창출해야 한다 / 또한 더욱 더 마땅히 해야만 하는 사회적 책임을 져야 한다.

번역 企业 在 创造 物质财富 的同时, 要更好地 承担起 应有的 社会责任。

설명 원문을 변형하면, '사회적 책임 이행에 눈을 돌려야 한다'는 '마땅히 해야만 하는 사회적 책임을 져야 한다'로 해석할 수 있다. 따라서 '承担应有的社会责任'을 쓰면 바람직하다.

예제 1 자신이 배운 의학지식과 치료수단을 동원하여 최선을 다해 환자를 치료하는 것은 의사가 수행해야 할 당연한 의무이자 책임이다. 이 직업을 선택한 이상 어떤 정치적, 사회적 이유로도 이런 신성한 의무의 수행을 거부해서는 안 된다.

번역 以自己掌握的医学知识和治疗手段, 尽最大努力为患者治病, 这就是医生应有的义务和责任, 既然选择了这一职业, 就不能以任何政治、社会等为由拒绝尽这神圣的义务。

예제 2 최근 과학기술 연구비 지원규모는 큰 폭으로 증가하고 있지만, 과학기술과 연구의 발전을 위해 꼭 필요한 촉진제 역할은 하지 못하고 있다. 무엇보다 과학기술 예산이 단기 연구 프로젝트에 집중되어 있기 때문이다.

번역 虽然近年来韩国科技研究经费以惊人的速度增长, 但这种增长没有对韩国科技和研究发展起到应有的促进作用, 因为科技预算都集中在短期科研项目上。

예제 3 사회에 대해 쓴 소리를 마다치 않는 것은 학자의 당연한 의무이며, 이를 겸허히 수용하는 것은 사회가 발전했다는 증거이다.

번역 经常对社会矛盾做出评判, 这是学者应尽的义务, 而被批评者能够接受批评则是社会进步的表现。

12 (~가) 말했듯이

표현 正如~所说（那样）구문

용법 보통 유명인이 한 말을 인용할 때 사용할 수 있는 표현이다. ~ 부분에 사람이 온다.

예문 오바마가 말했듯이 한미 관계는 아태 지역에서 가장 견고한 동맹 관계이다.

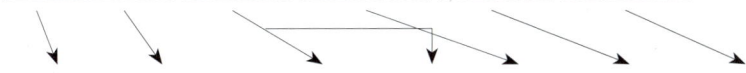

번역 正如奥巴马所说的那样, 与韩国的关系是 美国 在亚太地区 最巩固的 同盟关系。

설명 원문에서 '한미 관계는 ~ 관계이다'에서 의미상 주어는 미국이다. 왜냐하면, 오바마 대통령이 자국의 입장에서 한 말이기 때문이다.

chapter 2 핵심 한중번역 구문 30

따라서 이 부분은 '한국과의 관계는 미국에게 있어서 ~'라고 풀어야 한다. 즉 '韩美关系'보다는 '与韩国的关系是美国~'라고 번역하는 것이 합리적이다.

예제 1 이순신 장군의 말씀처럼 모든 일은 죽을 힘을 다해 노력해야 성공할 수 있고, 요행을 바라면 실패를 거듭할 수밖에 없다.	**번역** 正如李舜臣将军所言，凡事都要拼命地去努力才能获得成功，而寄希望于侥幸则注定失败。
예제 2 케네디 대통령의 말처럼 개인이 국가를 위해 헌신하는 것은 중요하다. 그러나 국가의 발전을 위해 국가가 힘을 이용하여 개인의 희생을 강요한다면 이는 국민적 저항에 부딪힐 것이다.	**번역** 正如肯尼迪总统所说的那样，个人为国家献身固然重要，但如果国家压迫个人为国家的发展而献身，这肯定会遭到民众前所未有的抵抗。
예제 3 갈릴레이가 했던 "그래도 지구는 돈다."라는 그 말처럼 진리란 무시될 수는 있어도 아예 없앨 수는 없다.	**번역** "不管怎样，地球仍在转动。"正如伽利略所说的这句话，真理可以被低估，但最终无法被掩盖。

13 매(每) ~당 …, ~마다 …씩

- **표현** 每 A(中), 就有 B 구문
- **용법** 보통 A에는 시간이나 사람 등이, B에는 사람 등 숫자가 들어간다.
- **예문** 유니세프는 세계적으로 25초에 한 명이 에이즈로 목숨을 잃고 있다고 밝히고 있다.
- **변형** 유니세프는 밝힌다 / 세계적으로 / 25초 마다 한 명씩 / ~때문에 죽는다 / 에이즈

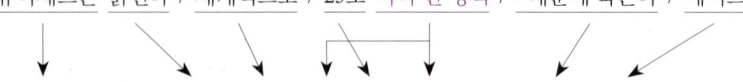

- **번역** 联合国儿童基金会 称，全世界 每 25秒 就有一个人 死于 艾滋病。
- **설명** '25초에 한 명씩'이므로 '每25秒(钟)就有一个人~'이라고 쓰면 된다. 또 '~ 때문에 죽다'는 '死于+사망 원인', '因+사망 원인+而死亡' 표현을 사용하여 번역하면 된다.

예제 1 보건복지부의 통계에 따르면 우리나라 성인 남자 네 명 중 세 명이 흡연자라고 한다.	**번역** 韩国保健福祉部发布统计称，每4名成年男人当中就有3名是"烟民"。
예제 2 9월 10일은 WHO가 정한 '자살방지의 날'이다. WHO에 따르면 전 세계에서 40초에 한 명씩 자살하고 있으며, 우리나라는 33분에 한 명꼴로 스스로 목숨을 끊는다고 한다.	**번역** 每年9月10日是世界卫生组织确定的"世界预防自杀日"。据世卫组织介绍，在世界范围内，每40秒钟就有一个人自杀。以韩国为例，每33分钟就有一名国民寻短见。
예제 3 결혼 20년차 이상인 중노년층 부부의 황혼 이혼이 전체 이혼의 24.8%를 차지한다는 조사 결과가 나왔다. 4쌍 중 한 쌍꼴로 황혼 이혼인 셈이다.	**번역** 据调查，结婚20年以上中老年夫妇的离婚率为24.8%，换句话说，每4对离婚夫妇中就有一对是所谓"黄昏离婚"。

14 물론 ~이지만 …이다

표현 固然~但是… 구문

용법 전환 관계를 나타낸다. '固然' 뒤에는 형용사 등 술어가 오고, '但是' 뒤에는 이와는 성격이 다른 설명이 뒤따른다. 보통 '~固然很重要，但是…'의 형태로 많이 사용한다.

예문 성공하고 싶다면 천부적 자질도 물론 중요하지만 땀의 중요성은 결코 간과할 수 없다.

번역 一个人若要成功，先天的禀赋 固然很重要，但是，后天的付出 也是必不可少的。

설명 원문에서 '천부적 자질'과 '땀'은 성향이 전혀 반대되므로 '固然~但是…' 구문을 사용할 수 있다. 또 원문에서 '땀'은 '후천적 노력'을 의미하는 비유적 표현이므로 '付出努力', '后天的付出' 등 객관적인 표현으로 바꾸는 것이 바람직하다.

예제 1 금전적인 지원도 필요하지만, 궁극적인 고령화 대책은 맞춤형 일자리 창출이다.

번역 要解决老龄化问题，提供资金补助固然重要，但创造针对老年人的工作机会才是真正的答案。

예제 2 세계적인 영화제에서 상을 타는 것도 물론 의미가 있지만, 흥행에만 몰두하는 대형 배급사가 영화관을 독점하는 관행을 바꾸는 것이 시급하다.

번역 在世界著名电影节获奖固然值得肯定，但大型电影发行公司只为追求利润而垄断大部分电影院，这种陋习亟待改变。

예제 3 비정규직에 대한 처우 개선도 물론 중요하고 의미 있겠지만, 근본적인 해법은 비정규직 대신 정규직을 많이 뽑는 법안 마련을 통해 비정규직 자체를 줄여가는 것이다.

번역 改善对临时工的待遇固然重要、有意义，但通过立法，尽量多招正规工，少招临时工，逐渐减少临时工的数量，这才是标本兼治的策略。

15 ~적 관점에서 … 할 때

표현 '从+A+B(동사)' 구문

용법 A 부분에는 분야, 사실, 전략 등이 들어가고 B에는 다양한 동사가 온다. 보통 '从~角度来看'(~의 각도에서 볼 때), '从~方面来看'(~ 측면에서 볼 때), '从~出发'(~에서 출발할 때) 등으로 많이 표현한다.

예문 국제정치적 관점에서 분석할 때, 전쟁은 국가 간 갈등을 해결하는 방법으로서 여전히 유효하다.

번역 从国际政治的观点 来分析，战争 依然是 处理两国矛盾的 有效办法。

설명 '~ 관점에서 분석할 때'이므로 '从~的观点分析'로 표현하면 된다. '여전히 유효하다'는 '~은 여전히 유효한 방법이다'라고 바꿔서 번역해도 좋다.

핵심 한중번역 구문 30

예제 1 이런 방식은 남녀평등 측면에서 볼 때 '강인한 남자와 연약한 여자'라는 기존 통념과 다를 게 전혀 없다. 차이점이 있다면 남녀의 역할이 바뀌었을 뿐이다.
번역 从男女平等的角度来看，这种模式跟以往传统的"强势男与弱势女"模式如出一辙，只不过是男女角色互调了而已。

예제 2 이는 윤리나 정의 등에서 보면 올바른 행동임이 틀림없지만 실리추구 면에서 보면 하등 도움될 것이 없는 선택이다.
번역 这种选择从伦理或正义的角度来看，确实值得肯定，但从实事求是的观点来看却毫无利益可言。

예제 3 단기적으로 보면 대통령의 독도 방문이 일본과 외교 마찰이 생길 수 있겠지만, 장기적으로 보면 우리의 독도 실효지배를 더 공고히 할 수 있다는 점에서 긍정적인 여론도 만만치 않다.
번역 很多人认为，韩国总统登陆独岛，从短期看会招来与日本的外交摩擦，但长远看，有助于巩固对独岛的实际控制，是利大于弊的举措。

16 (~와) 비교할 때

표현 A与B相比 / 比起B, A~ 구문

용법 일반적인 비교구문이다. 만약 비교의 대상인 B가 짧을 경우는 보통 'A与B相比' 구문을, 길 경우는 '比起B, A~' 구문을 사용하는 것이 좋다. 또 '작년 같은 기간과 비교할 때'는 '同比~'를 쓴다.

예문 금융위기 이후의 개혁조치 와 비교할 때, 최근 미국의 금융정책은 예전으로 후퇴한 느낌이다.

번역 比起 全球金融危机爆发后 所采取的改革措施, 目前美国的金融政策 显然 又回到危机爆发之前。

설명 비교의 대상인 B 부분이 '금융위기 이후의 개혁조치'로 비교적 길어서, '比起B, A~' 구문이 적당하다.

예제 1 정부는 돈이 들지만 별로 효과가 없는 무차별 육아비 지원 정책보다 꼭 필요한 계층에게만 육아비를 지원하는 선별적 복지를 실시하려고 한다.
번역 比起无差别提供育儿补贴，韩国政府正考虑其成本与效果，拟定只给所需阶层提供育儿补贴。

예제 2 올해 1~9월까지 실업률은 5.3%로 작년 같은 기간보다 0.3% 포인트 낮아졌다는 통계청의 보고서가 나왔다.
번역 韩国统计厅公布的报告显示，韩国今年前9个月的失业率达到5.3%，同比下降了0.3个百分点。

예제 3 월스트리트저널(WSJ)의 설문조사 보도에 따르면 2009년 오바마 대통령이 임기를 시작할 때 미국인의 동성 결혼 찬성 비율은 40%였지만 3년이 지난 2012년에는 49%로 거의 10%포인트 가까이 늘었다고 한다.
번역 据美国《华尔街日报》公布的一项民意调查结果显示，2012年，支持同性结婚的美国人比例高达49%，与2009年奥巴马刚上任时的40%相比，竟然上升了近10个百分点。

17 (~라는) 생각으로, (~라는) 인식에 따라

표현 '절(주어+동사), 认为+절' 구문

용법 동일한 주어를 갖는 복문에서, 뒷 절의 동사로 '认为'를 사용하는 구문이다. 여기에서 '认为~'의 뉘앙스는 '~라고 판단했기 때문에', '~라는 인식에 바탕을 두고서'이다. '认为' 뒤에는 보통 또 다른 절이 오는데, 认为의 주어가 앞 절의 주어와 일치하므로 일반적으로 생략한다.

예문 한국은행은 인플레이션이 가계부채보다 시급하다는 인식에 따라 0.25%P 금리인상을 단행했다.

변형 한국은행은 0.25%P 금리를 인상했다 / 인플레이션이 가계부채 보다 시급하다고 생각했다.

번역 韩国央行 加息 25个基点, 认为 缓解通胀压力 比 控制家庭负债 更为紧迫。

설명 원문을 두 부분으로 분해하면 번역이 쉬워진다. 즉 '한국은행은 금리를 인상했다', '(왜냐하면) ~라고 생각했다'이다. 이때 동사 '认为'를 사용하여 뒷 절을 시작하면 문장이 간결해지고 명쾌해진다. 또 원문에서 '인플레이션이 가계부채보다 시급하다'라는 말은 '인플레이션 압박을 완화하는 것이 가계부채를 억제하는 것보다 시급하다'라는 식으로 의미를 정확히 풀어서 번역하는 것이 바람직하다.

예제 1 대법원이 양심의 자유를 이유로 병역을 거부하여 기소된 남성에게 유죄를 선언한 것은 국방의 의무가 개인의 양심의 자유에 우선한다는 판단 때문이다.

번역 一个韩国男人以良心自由为由拒绝服兵役而被起诉，韩国最高法院对他作出有罪判决，认为国防义务比个人良心自由更重要。

예제 2 아우슈비츠(Auschwitz) 수용소가 1979년 유네스코 세계문화유산으로 지정된 데 이어, 독일은 최근 부헨발트(Buchenwald) 강제 수용소마저 문화유산 등재를 신청했다. 이렇게 해야만 나치의 만행이 반복되는 것을 막을 수 있다는 신념 때문일 것이다.

번역 早在1979年，联合国教科文组织就把奥斯威辛集中营列为世界文化遗产。目前，德国政府还要把布痕瓦尔德集中营申请为世界文化遗产，认为只有这样才能杜绝纳粹主义的再次猖獗。

예제 3 저자 "우리나라의 30대가 가장 진보적 성향이 강하다."라고 말하는 것은 그들이 IMF 경제위기로 말미암은 취업난, 2000년대 이후의 카드 대란과 부동산 대란을 겪으며 양극화를 온몸으로 경험한 세대라고 생각하기 때문이다.

번역 作者说，在韩国社会里，30多岁国民的思想最具激进的色彩，认为他们因90年代的金融危机而难以找到工作，还经历过新世纪以来爆发的信用卡危机和房价高企等，这样饱受两极分化之苦。

18 (~이) 시급하다, (~이) 필요하다

표현 ① (~이) 시급하다 : 亟待+동사 / ② (~이) 필요하다 : 有待+동사

용법 ① '(~이) 시급하다'는 보통 '주어+亟待+동사' 구문을 사용하고, ② '(~이) 필요하다'는 '주어+有待+동사' 구문을 사용하면 된다. 즉 '~하는 것이 필요하다'는 '有待~', '~하는 것이 시급히 필요하다'는 '亟待~' 구문이 일반적이다.

예문 저탄소 경제의 활성화를 통한 지속 가능한 발전은 우리가 꼭 시급히 해결해야 할 과제이다.

chapter 2 핵심 한중번역 구문 30

변형 저탄소 경제를 키운다 / 이로써 지속 가능한 발전을 실현한다 / 이는 꼭 시급히 해결할 과제이다.

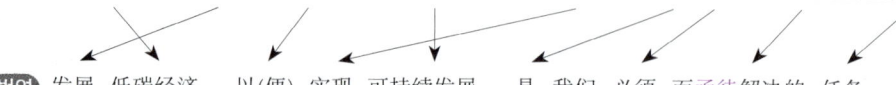

번역 发展 低碳经济， 以(便) 实现 可持续发展， 是 我们 必须 而亟待解决的 任务。

설명 원문을 세 부분으로 분해하여 '저탄소 경제를 발전시킨다', '이로써 지속 가능한 발전을 실현한다', '이는 꼭 시급히 해결해야 할 과제이다'라고 생각하면 번역이 쉬워진다. '시급히 해결해야 할 과제'는 '解决'를 목적어로 취하여 '亟待解决的任务'라고 하면 된다. '과제'는 보통 '任务'를 사용하며 '课题'라고 번역해도 무방하다. 또 'A를 통한 B의 실현'은 보통 'A, 以(便)实现 B' 구문을 활용하면 된다.

예제 1 어린이의 건강을 위해 납, 카드뮴, 수은 등 유해 중금속을 함유한 어린이용 장난감에 대한 안전 기준을 더욱 강화해야 한다.

번역 为保证儿童的健康，含有有害重金属，如铅、镉、汞等的儿童玩具安全标准有待进一步完善。

예제 2 한 여론조사 결과 절반 이상의 응답자가 선별적 무상 보육 대상비율이 너무 낮아서 이를 시급히 끌어올려 대상을 확대해야 한다고 대답했다.

번역 据一项民意调查的结果显示，半数以上受访者认为，"有选择性无偿提供育儿补助金制度"的对象人数太少，其比例亟待提高，也就是说，要扩大受惠阶层。

예제 3 우리 사회에서 시급히 해결해야 할 경제적 및 사회적 과제는 대단히 많다. 하지만 이 모든 문제를 가장 효과적으로 해결할 방안으로 일자리 창출과 사회안전망 확충을 주장하는 전문가가 많다.

번역 在韩国社会里，有许多经济社会问题亟待解决。对此，不少专家认为，创造工作机会和建立社会保障安全网才是能够解决这些问题的有效方案。

19 (~을) 의미하다, ~란 …을 뜻한다

표현 A是指B, A意为B 구문
용법 어떤 용어의 정의를 내리거나, 성질, 성격을 자세히 풀어줄 때 사용하는 표현이다.
예문 그린 컨슈머란 환경 문제에 관심을 두고 환경 친화적 제품 및 업체를 선택하는 사람을 말한다.

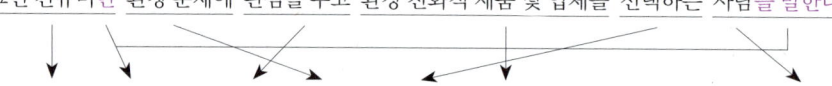

번역 绿色消费者 是指 那些 关心 生态环境、选择 绿色商品和绿色商品制造商的 消费人群。

설명 '그린 컨슈머'의 정의를 설명하는 문장으로, 주어 뒤에 '是指'를 놓고, 그 내용을 풀어주면 된다. '那些'는 '~한 그런'의 의미로 생략해도 무방하다.

예제 1 건강과 지속 가능한 삶을 동시에 추구하는 사람들을 가리키는 로하스(LOHAS)족은 신체 건강과 환경 및 생태계 보호를 유기적으로 접목하려고 노력한다.

번역 "乐活族"是指追求健康、可持续发展生活方式的人群。他们重视身体健康与环境、生态保护的有机结合。

예제 2	'양심적 병역거부'란 말 그대로 자신의 양심이 추구하는 올바른 가치 때문에 국가가 강제로 부여한 국방의 의무를 거부하는 행동을 말한다.	번역	顾名思义，"良心拒绝服兵役"是指因为自己的良心所追求的崇高价值而拒绝参军的行为。
예제 3	1980년대, '아시아의 네 마리 용'이란 일본을 제외하고 경제성장 속도가 빠른 아시아의 4개 신흥국가를 말한다. 말하자면 오늘날의 '브릭스', '미스트' 등과 비슷한 개념이다.	번역	上世纪80年代的"亚洲四小龙"是指除日本以外，经济增速较快的亚洲四个新型国家，类似于目前的"金砖四国"、"迷雾四国"等说法。

20 (～에) 의하면, (～에) 따르면

표현 (据)～显示 구문

용법 '～' 부분에는 보통 통계, 연구보고서, 전망 등이 온다. '显示' 대신 '表明'을 사용해도 되며 '据'는 생략할 수 있다.

예문 KDI는 최근 보고서에서 내수와 수출 급감으로 경제침체 위험성이 커졌다고 밝혔다.

변형 KDI는 최근 발표한 보고서에서 <u>밝혔다</u> / 내수와 수출이 모두 급감해서 / 경제침체 위험성 커졌다.

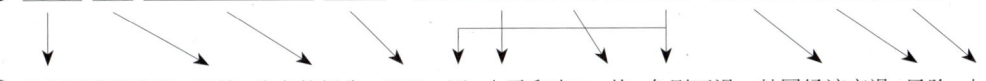

번역 韩国开发研究院 目前 公布的报告 <u>显示</u>，因 内需和出口 均 急剧下滑，韩国经济衰退 风险 上升。

설명 원문에서 자료의 출처가 보고서이므로 '(据)～报告显示' 구문을 사용하면 된다. 또 원문을 두 부분으로 나눠서 'KDI는 최근 보고서를 발표했다', '내수와 ～커졌다'라고 생각하면 번역이 쉬워질 것이다. 그리고 일반적으로 보고서는 불특정 다수의 독자를 대상으로 하므로 '발표하다'의 동사는 '公布'가 적절하다. 'KDI'는 영문 약칭이므로 '한국개발연구원'으로 풀어서 설명해주어야 한다. 또 뒷부분에서 '경제침체 위험성'의 주어는 중국이 아닌 한국이므로, '韩国'를 넣어주어야 오해의 소지가 없는 명확한 번역이 된다.

예제 1	통계청 발표로는 2011년 초혼 연령이 남자 31.9세, 여자 29.1세로 2010년에 비해 각각 올라간 것으로 나타났다.	번역	据韩国统计厅公布的数据表明，2011年，韩国初婚年龄男性为31.9岁，女性为29.1岁，比上一年分别有所上升。
예제 2	WHO가 공개한 데이터를 보면 질병의 68%는 공기 오염이 일으킨 것이고, 공기 중의 세균과 바이러스가 감기의 원흉이었다.	번역	据世界卫生组织发布的数据显示，人类68%的疾病是由空气污染引起的，空气中的细菌、病毒是感冒的罪魁祸首。
예제 3	최근 발표된 연구 보고서에 의하면 걷기가 아동 비만에 큰 도움이 된다고 한다. 가령 공원 근처에 사는 아이는 운동 빈도를 높임으로써 비만 가능성이 줄어든다.	번역	最近公布的一项研究报告显示，步行确实有利于儿童减肥。如果儿童生活在公园附近，他们往往会增加体育活动，从而有助于降低患肥胖症的风险。

chapter 2 핵심 한중번역 구문 30

21 (~한) 이유는 / (~하려는) 목적은

표현 ① (원인) 之所以 A，是因为 B | ② (목적) 之所以 A，是为了 B

용법 원인 및 목적의 도치 구문이다. 먼저 A 부분에 구체적인 행동을 기술하고, 이 행동의 원인 또는 목적을 B 부분에 둔다. '是为了'는 '为的是'로 바꿔도 된다.

예문 전문가들은 자유주의 경제 모델의 일탈이 서양 경제를 이 지경으로 만들었다고 입을 모은다.

변형 전문가들은 모두 말한다 / 금융위기가 이 지경이 된 이유는 / 서양의 자유경제모델이 일탈했다.

번역 专家们 普遍 认为，金融危机 之所以 发展到如此地步，是因为 西方的自由经济模式 出轨。

설명 '~라고 입을 모은다'는 비유적 표현으로 '대다수가 ~라고 말한다', '대다수가 ~라는 견해에 동의한다' 등의 의미이므로 '주어+普遍 认为~'를 사용하면 된다. '이 지경이 되었다' 역시 비유적 표현으로 '이런 상황까지 왔다', '이런 상황까지 발전했다'의 의미이므로 '发展到如此地步'라고 옮길 수 있다. '일탈했다'도 비유적 표현인데 자동사 '出轨'를 쓸 수도 있고, '문제를 일으켰다'라는 객관적 표현으로 바꿔서 '出现问题'라고 번역해도 무방하다.

예제 1 대선이나 총선 후보들이 너도나도 저출산 및 고령화 복지의 확대를 약속하는 것은 표를 의식해서라는 사실은 이제 알만한 사람은 다 아는 상식이다.

예제 2 이상이 단지 이상일 수밖에 없는 것은, 현실은 냉혹하기 그지없기 때문이다.

예제 3 우리가 이렇게 노력하는 이유는 더 나은 삶을 위해서이기도 하지만 고국에 보답하기 위해서이기도 하다.

번역 总统或国会议员候选人之所以纷纷承诺要扩大实施福利政策，解决少子化与老龄化问题，是为了拉到选民的票。这可以说是家喻户晓的。

번역 理想之所以为理想，是因为现实是残酷的，不会同情你的失败。

번역 我们之所以这么努力，为的是创造更美好的生活，将来能够报效祖国。

22 (~한) 이후

표현 (自)~以来 구문

용법 우리는 '~이후'라고 하면 '~以后'를 떠올리기 쉽다. 물론 '~以后'도 쓰지만, 중국어에서는 보통 '(自)~以来'를 사용한다. '~' 부분에는 구체적인 시기 또는 사건, 정책 등이 온다.

예문 WTO 가입 이후 대(對)중국 반덤핑 제소가 증가한 것으로 나타났다.

변형 ~라고 한다 / WTO 가입 이후 / 중국이 당하는 반덤핑 소송은 증가했다.

번역 据悉，加入 世贸组织 以来，中国 遭受的 反倾销诉讼 越来越多。

설명 '~한 것으로 나타났다'는 보통 문장 맨 앞에 '据悉', '据了解'를 쓰면 된다. '대중국 반덤핑 제소'는 '중국이 다른 나라로부터 당하는 반덤핑 소송'을 의미하므로 '中国遭受的反倾销诉讼'이라고 옮기면 된다.

예제 1 이명박 정부는 집권 이후 한층 공고해진 한미 동맹을 등에 업고 대북 강경 노선을 견지했지만 돌아온 것은 남북 관계의 악화와 교류의 단절뿐이었다.
번역 李明博政府上台以来，以牢固的韩美同盟为后盾，对北韩实施强硬政策。结果，南北韩关系陷入了僵局，双方的交流也几乎消失了。

예제 2 80년대 이후 중국 사회에는 개혁개방과 산아제한이라는 두 가지 큰 변화가 생겼다. 그런 의미에서 1980년 이후에 태어난 사람을 뜻하는 '80후(後)'에는 특별한 의미가 부여된다.
번역 20世纪80年代以来的中国社会有两个主要变化，即"改革开放"和"计划生育"。因此，我们把1980年以后出生的人叫做"80后"，给它赋予了特殊意义。

예제 3 2008년 글로벌 금융위기를 겪고 난 대다수 국가는 금융 감독을 강화하고 은행 자기자본 비율을 높였다.
번역 自2008年爆发全球金融危机以来，大部分国家加大金融机构监管力度，并提高银行资本金比率。

23 ~ 일정의, ~ 일정으로 진행된

표현 为期～的+명사 구문
용법 '为期～的'는 명사를 수식하는 관형어이며, '~' 부분에 구체적인 기간이 들어간다.
예문 전용기로 서울에 도착한 오바마 미국 대통령은 이틀 간의 공식 방한 일정을 시작했다.
변형 오바마 미국 대통령 / 전용기로 서울에 도착 / 한국에 대해 진행했다 / 이틀 일정의 국빈 방문을

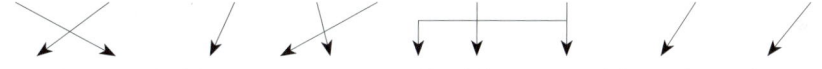

번역 美国总统 奥巴马 乘专机 抵达 首尔， 开始 对韩国 进行 为期两天的 国事访问。

설명 원문을 두 부분으로 나눠서 번역한다. 즉 (1) '오바마 대통령은 전용기를 타고 서울에 도착했다.' (2) '이틀간의 공식 방한 일정을 시작했다.'이다. 여기에서 한국어는 '성명+직함' 순서이지만 중국어는 거꾸로 '직함+성명' 순이므로 '美国总统 + 奥巴马'라고 표현한다. '공식 방한'이란 '한국을 국빈 방문했다'라는 의미이므로 '开始对韩国进行国事访问'이라고 옮긴다. 그리고 일정을 나타낼 때는 '国事访问' 앞에 '为期+기간+的'를 삽입하면 된다.

예제 1 16일간의 올림픽 제전이 순조롭게 막을 내린 가운데, 한 달 가까이 고생한 자원봉사자들도 영원히 잊을 수 없는 소중한 기억을 이제는 가슴속에 간직해야 할 시점이 되었다.
번역 为期16天的奥运盛会圆满落下了帷幕，为此辛苦了近一个月时间的志愿者也结束了终身难忘的一段经历。

예제 2 오바마 대통령 부부는 유럽 4개국 순방의 첫 번째 방문지로 아일랜드를 하루 동안 짧게 방문했다.
번역 美国总统奥巴马及其夫人对爱尔兰进行为期一天的短暂访问，这是他欧洲四国之行的第一站。

예제 3 6개월간 지속한 상하이 엑스포는 중국의 발전상을 유감없이 보여주었다.
번역 中国通过为期半年的上海世博会，向世界展示了自己的崛起。

chapter 2 핵심 한중번역 구문 30

24 (~에) 있다, (~에) 달려 있다

표현 A的B在于C 구문 | A的B取决于C 구문

용법 'A의 B는 C에 달려 있다', 'A의 B는 C에 의해 결정된다' 형태로 보통 비유적인 표현인 경우가 많다. 여기에서 B는 보통 본질, 생명, 핵심, 목적 등의 말이 들어가며, 그 구체적인 내용을 C에 둔다.

예문 언론의 본질은 인기에 영합하는 대신 언론의 책임감을 갖고 조작의 유혹을 이겨내는 것이다.

변형 언론의 생명은 인기영합 에 있지 않다 / 그 대신 책임감을 명심하고 조작을 거부하는 데 있다.

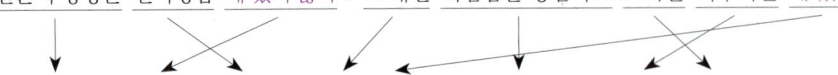

번역 媒体的生命 不在于 哗众取宠，而 在于 牢记自己的责任，拒绝 恶俗炒作。

설명 원문을 두 부분으로 나누면 (1) '언론의 본질은 인기에 영합하는 데 있지 않다', (2) '책임감을 갖고 조작의 유혹을 이겨내는 데 있다'이다. 따라서 'A에 있지 않고 B에 있다.'를 나타내는 '不在于A, 而在于B' 표현을 사용하면 된다.

예제 1 성공을 위한 조건은 집안 배경이나 운이 결코 아니다. 얼마나 큰 열정을 가지고 열심히 노력했느냐 만이 성공을 좌우할 수 있다.

번역 成功绝不在于家庭背景或好运气，而取决于倾注最大的热情和付出最大的努力。

예제 2 이순신의 위대함은 훌륭한 장수이기 때문이 아니라 최악의 상황에서도 포기하지 않고 노력하여 열세를 뒤집고 승리했다는 점에 있다.

번역 李舜臣的伟大不在于他是一位出色的指挥官，而在于他至死也不放弃的精神。他付出不懈努力，终于转败为胜。

예제 3 우리가 진정한 선진국이 되려면 수출만 늘려서 될 일이 아니다. 미래 경제성장 동력을 찾고 이 분야에 장기적이고 체계적인 지원을 해야만 가능하다.

번역 要想跻身于发达国家之林取决于选择未来增长动力，并予以长期的、有系统的扶持，而决不能只靠增加出口而实现。

---

25 (~와의) 전쟁, 반(反)~

표현 向~宣战, 反~ 구문

용법 비유적인 표현으로 '~' 부분에 범죄, 부정, 비리, 테러 등이 온다.

예문 정부는 부패와의 전쟁을 통한 청렴하고 효율적인 사회 구축의 의지를 천명했다.

변형 정부는 반부패 목표를 제시했다 / 반부패를 통해 청렴·효율적 사회를 구축하겠다고 결심했다.

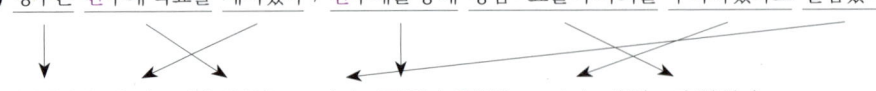

번역 韩国政府 提出 反腐败目标，决心 要通过反腐败，建立 廉洁、高效社会。

설명 원문을 변형하여 두 부분으로 나누면 (1) '정부는 반부패 의지를 구체화했다', (2) '반부패를 통해 청렴하고 효율적인 사회를 구축하겠다고 결심했다'이다. 여기에서 '~의 의지를 구체화했다'는 '~한 목표를 제시했다'라고 볼 수 있으므로 '提出~目标'로 옮기면 된다. '~한 사회를 구축하다'는 '建立~社会'로 번역한다. 또 원문의 '정부'는 '한국정부'이므로 '韩国政府'라고 표현해야 명확해진다.

| 예제 1 | 2001년 WTO에 가입한 이후 중국의 지적재산권 의식은 점점 높아졌다. 하지만 중국 정부의 가짜 척결 의지를 무색하게 할 만큼 가짜를 뿌리 뽑기란 말처럼 쉽지 않다. | 번역 2001年中国入世以来，知识产权的思想意识已逐渐深入人心。然而，许多人置中国政府的"反盗版"行动于不顾，盗版活动依然猖獗，打击造假行动的成效并不理想。 |

예제 2 성범죄가 갈수록 늘어나자 음란물과 폭력물을 원흉으로 지목한 정부는 음란동영상과의 전쟁을 선포했고, 이를 다운로드 받기만 해도 처벌하겠다고 밝혔다.
번역 目前，性犯罪有增无减，韩国政府把色情内容和暴力视频当作其罪魁祸首，并向色情片宣战，扬言只要下载色情内容，就将予以处罚。

예제 3 마약범죄로 악명 높은 멕시코에서는 지방 관리들이 조폭과 결탁하여 마약을 파는 일도 흔하다. 심각성을 깨달은 칼데론 대통령은 취임 직후부터 마약과의 전쟁을 선포했다.
번역 墨西哥以毒品犯罪闻名于世，不少地方政府官员都被贩毒集团拉下了水。为了解决这一问题，新任总统卡尔德隆一上台就做出了决定，向该国国内猖獗的毒品犯罪宣战。

26 (～하기 위한) 조치를 취하다, (～을) 강구하다

표현 采取措施+절 구문

용법 한국어에서는 보통 'A하기 위한 조치를 취하다'로 표현하지만, 중국어에서는 '采取措施+A(일반적으로 절)'와 같이 연동문 형태를 취하는 것이 일반적이다. 물론 한국어 표현대로 '采取为A的措施', '为了A, 采取(所需)措施'도 무방하다.

예문 UN은 빙하가 녹아 생태계를 파괴할 위험성을 줄이기 위한 행동에 조속히 나설 것을 촉구했다.

변형 UN은 조속한 행동을 촉구했다 / 빙하가 녹아서 생태계에 가져올 수 있는 악영향을 줄이자고.

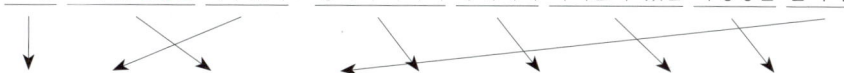

번역 联合国 呼吁 采取紧急措施，减轻 冰川融化 给生态环境 可能带来的 负面影响。

설명 원문을 변형하여 두 부분으로 나누면 (1) 'UN은 조속한 행동을 취할 것을 촉구했다', (2) '빙하가 녹아 생태계에 아마도 가져올 수 있는 악영향을 줄이다.'이다. 여기에서 (1)의 '촉구하다'는 두 개의 목적어를 가지는데 첫 번째 목적어가 '采取措施', 두 번째 목적어가 (2) 전체(목적어절)이며, 이 둘은 연동문 형태로 되어 있다.

예제 1 관할 지역 내에 마련한 쓰레기 매립장이 하나둘씩 포화상태가 될 예정이어서 각 지자체는 대책 마련에 애쓰고 있다.
번역 随着设在境内的垃圾填埋场纷纷即将饱和，各地方政府正采取措施，解决垃圾处理问题。

예제 2 멸종 위기 동물을 보호하기 위한 특단의 조치를 강구하지 않는다면 생물 다양성은 크게 훼손될 것이라고 전문가들은 경고한다.
번역 专家们警告说，我们应尽快采取特殊措施保护濒危动物，否则生物多样性将会遭受严重威胁。

chapter 2 핵심 한중번역 구문 30

예제 3 역대 정부는 현실을 고려하여 부동산 억제를 위한 맞춤형 정책을 추진해왔지만, 결과는 늘 참담했다.

번역 历届韩国政府都根据实际情况，采取针对性的措施，给房地产市场降温，但其效果均微乎其微。

27 (~에서) 차지하는 비율(비중)

표현 在A中所占比例为B | 在A中，占(有)B的比重 구문

용법 전체에서 부분이 차지하는 비율을 나타내는 표현이며, B는 보통 백분율(percentage)이나 분수(分數) 형태로 표현한다. 보통 '比重'과 '比例'는 바꿔 쓸 수 있다. 또한, 시장점유율을 나타내는 경우 '比重' 대신 '(市场)份额'를 쓸 수도 있다.

예문 정부는 2030년까지 총 전력 가운데 원전의 비중을 40%까지 확대하기로 했다.

변형 정부는 계획한다 / 2030년까지 원전이 총 전력 에서 차지하는 비중을 / 40%까지 확대할 것이다.

번역 韩国政府 计划，到2030年 将把核能发电量 在 总电量 中 所占比重 提高到 40%。

설명 원문에서 '정부는 ~하기로 했다'는 '정부는 ~할 계획을 세웠다'이며, 이 부분을 빼고 나면 원문은 '원전이 전력 전체에서 차지하는 비중을 ~까지 확대하다'로 단순해진다. 또 원문에서 '원전(원자력발전소)이 총 전력에서 차지하는 비중'이라는 표현은 '원자력발전이 전체 전기 생산에서 차지하는 비중'으로 이해해야 하므로, **核能发电在总电量所占比重**이라고 번역하면 된다. 한국어에서는 '원자력'과 '핵'을 구분하지만, 중국어는 특별한 경우가 아니면 일반적으로 구분하지 않고 모두 '核~'라고 쓴다.

예제 1 UN은 65세 이상 노인인구 비율이 총 인구의 7% 이상인 사회를 '고령화 사회'라고 규정한다. 이 기준에 따르면 한국은 이미 2000년 7월 1일을 기해 '고령화 사회'에 진입했다.

번역 联合国把65岁以上老年人口在总人口中所占比例达到7%定为"老龄化社会"。按照这一规定，韩国已于2000年7月1日正式进入了"老龄化国家"行列。

예제 2 우리 영화의 국내시장 점유율이 2011년 4년 만에 50%대로 올라섰고, 총 관객 수는 1억 6천만 명으로 연간 최다 기록을 갈아치웠다고 한다.

번역 据悉，时隔4年后，2011年韩国国产电影在韩国电影市场上的份额再次超过50%，累计观众数量也达到创纪录的1.6亿人次。

예제 3 정부는 바이오에너지 공급 비율을 향후 4년 안에 6.6%에서 8.8%로 2%포인트 이상 높일 계획을 세우고 있다. 문제는 이런 계획이 에너지 수급 불균형은 해결할 수 있을지 몰라도 큰 비용과 환경오염을 초래할 수 있다는 점이다.

번역 韩国政府计划，用4年时间将把生物能源在总能源中的比重从6.6%增加到8.8%，增幅超过两个百分点。该计划将有助于解决能源供求矛盾，但同时也会造成经济负担和环境污染。

28 (~을) 포함하여, ~ 등등

- **표현** 包括~在内 구문
- **용법** 하나의 범주 및 이에 포함되는 구체적인 예를 동시에 표현할 때 사용한다. 일반적으로 '包括+구체적인 예+在内的+명사' 형태로 표현한다.
- **예문** 미국은 2050년까지 전력의 80%를 태양에너지, 풍력 등 신재생에너지로 충당할 전망이다.
- **변형** 2050년까지 미국 전력의 80%는 / 태양에너지, 풍력 등을 포함한 신재생에너지가 제공 할 것이다.

- **번역** 至2050年，美国全国80%的电力 将有望 由 包括 太阳能和风能 在内的 新可再生能源 提供。
- **설명** 원문에서 태양에너지, 풍력은 구체적인 예에 해당하며, 이들을 아우르는 범주는 신재생에너지이다. 따라서 '包括太阳能和风能在内的新可再生能源'이라고 표현한다. 또 'A는 B가 C할 것이다'에서 실질적 주체인 B 부분을 강조하려면 '由'를 사용한다. 즉 '전력의 80%는 신재생에너지가 제공하다'에서 실질적 주체인 '신재생에너지'를 강조하기 위해 '由新可再生能源提供'이라고 표현한다.

- **예제 1** 중국과 러시아, 인도를 포함한 신흥국들이 향후 국제 경제성장을 견인할 것으로 전망되는 가운데 국제문제에 대한 입김도 커지고 있다.
  - **번역** 包括中国、俄罗斯、印度在内的新兴国家将会拉动全球经济增长，其国际影响力也随之增大。
- **예제 2** 21세기 들어 테러, 사이버공격 등 비전통적 위협이 커지면서 국가안보의 개념도 전통적인 군사력 강화에서 과학기술의 강화로 바뀌고 있다.
  - **번역** 21世纪以来，包括恐怖活动和虚拟攻击在内的非传统威胁频频发生，国家安全的概念也从以往的加强军事力量转变为加强科技实力。
- **예제 3** 중국은 개혁개방 이후 경제, 과학기술 등 다양한 분야에서 괄목할 성장을 보였으며, 무엇보다 장기적인 고도성장이 중국의 위상을 높이는 데 크게 이바지했다.
  - **번역** 改革开放以来，中国在包括经济、科技在内的诸多领域都发生了翻天覆地的变化，尤其经济持续快速发展为提高中国的国际地位发挥了举足轻重的作用。

29 (~을) 하지 않으면, ~하지 않는 한

- **표현** 除非~否则…, 只有~才… 구문
- **용법** '除非' 부분에는 유일한 조건이, '否则'에는 조건을 이행하지 않았을 때의 결과가 들어간다.
- **예문** 유럽 위기를 타산지석으로 삼아 금융개혁을 조속히 단행하지 않으면 비슷한 꼴을 당할 수 있다.
- **변형** 유럽 위기에서 교훈을 얻어야 한다 / 제때 금융개혁을 하지 않으면 / 비슷한 재난을 당할 수 있다.

- **번역** 我们 应 从欧洲危机中 吸取教训，除非 及时 进行金融改革，否则 可能遭遇 类似的灾难。
- **설명** 원문은 (1) '금융개혁을 조속히 단행해야 한다.', (2) '그렇지 않으면 재난을 당할 수 있다.'와 같이 두 부분으로 나눌 수 있다. 이 때 '~해야 한다. 그렇지 않으면 …할 것이다'를 '除非~，否则…'로 표현한다. 또한 이 문장을 '只有~，才…' 표현을 이용하여 '只有及时进行金融改革，才能避免类似灾难的发生'과 같이 번역할 수 있다.

핵심 한중번역 구문 30

예제 1	현재 인류가 직면한 기후변화의 위협을 정확히 인식하지 못한다면 지구를 구하기 위한 제대로 된 행동이란 공염불에 불과할 것이다.	번역	除非正确认识到目前我们所面临的气候变化威胁，否则我们不可能全心全意地行动起来，拯救地球。
예제 2	그리스 국민이 모두 고통을 감내하고 구조조정을 이겨낼 용기가 없다면 독일과 프랑스가 아무리 구제자금을 지원하더라도 밑 빠진 독에 물 붓기에 그칠 것이다.	번역	除非希腊人民团结一致，风雨同舟，甘心接受结构调整，否则德国、法国等大国的救援资金只能是扔进了无底洞一样，起不了什么作用。
예제 3	문제는 정부의 의지다. 아무리 좋은 복지 법안이 마련되어 있더라도 이를 시행하지 않는 한 돈 없는 서민의 고달픈 삶은 올해도 이어질 것이다.	번역	关键在于政府是否有诚意。即使议会表决通过福利法案，除非政府把它落实到实处，否则低收入群体仍得不到应有的福利保障，每天只能辛辛苦苦过日子。

30 ~함으로써, ~을 통하여

표현 ① A(절), 以便+B구문, ② A(절), 以免+B구문

용법 ①에서 A는 어떤 행위가 오고, B에는 결과가 온다. 의미는 'A함으로써 B하다'이다. 따라서 의미상 '为了B, 就A'(B하기 위하여 A하다)와 차이가 없다. 또 '以便' 대신 '以图', '以期' 등을 쓸 수 있다. ②의 의미는 'A함으로써 B하지 않다'이다. ①과 반대로 의미상 '为了避免B, 就A'(B하지 않기 위해 A하다)와 비슷하다. '以免' 대신 '以防'을 쓸 수 있다.

예문 정부는 화학적 거세를 확대 시행함으로써 시민을 다소 안심시키는 방안을 고심 중이다.

변형 정부는 화학적 거세 시행 범위를 확대하려고 한다 / 이로써 시민에게 약간의 안전감을 더해준다.

번역 韩国政府 将扩大 实施化学阉割的 范围， 以便 为群众 增添 几分安全感。

설명 원문을 두 부분으로 나누면 이해하기 쉽다. 즉 (1) '정부는 화학적 거세 시행 범위를 확대하려고 한다.' (2) '이를 통해 시민에게 약간의 안전감을 더해 주려고 한다.'이다. 이 두 문장의 주어는 같으므로 뒷부분의 주어는 생략하고, '以便'으로 연결하면 된다.

예제 1	이 민간단체는 중국과 몽골 사막지역에 나무 심기와 관계시설 설치를 지원함으로써 황사방지에 앞장서고 있다.	번역	该民间组织前往中国、蒙古的沙漠地区，帮助植树和建设灌溉设施，以图尽量减少沙尘暴带来的损失。
예제 2	이집트는 눈덩이처럼 커지는 재정적자와 실업문제, 경제침체 등을 하루빨리 해결하기 위해 외국자본의 투자 유치에 안간힘을 쓰고 있다.	번역	目前，埃及政府正积极寻求外国投资，以期尽快摆脱当前像雪球一样越滚越大的财政赤字、失业率上升以及经济疲软等窘境。

예제 3 정부는 서유럽 관광 예정 국민에게 테러 공격에 조심하라고 당부하면서, 명승지와 교통 요충지에서는 각별한 주의가 필요하다고 말한다.

번역 韩国政府呼吁，目前往西欧国家旅游时要提高警惕，以免遭到恐怖袭击，特别是在西欧旅游景点和交通枢纽地区，更需多加注意。

memo

chapter

3

유용한 한중번역 표현 1000

1. 각 표현의 핵심어를 대상으로 가나다 순서로 배열했다.
2. 핵심어는 주로 명사나 동사이다.
3. '~의', '~한', '~에 대해' 등 표제어의 의미를 구체화하는 부분은 배열 기준에서 제외했다.
4. A, B 등 주체나 객체를 나타내는 말 역시 배열 기준에서 제외했다.

chapter 3 유용한 한중번역 표현 1000

001 1위를 차지하다

표현 跃居~首位，坐上第一把交椅，拔得~头筹
예문 중국은 2010년 기계공업의 산업규모 세계 1위에 오른 것으로 나타났다.

번역 据悉，2010年，中国机械工业产业规模跃居世界首位。

002 ~에 가까워지다

표현 与~靠拢
예문 지방도시의 주택 가격이 대도시에 점차 가까워지고 있다.

번역 地方城市的房价与大城市渐渐靠拢。

003 ~의 가능성을 배제할 수 없다

표현 不能排除~的可能性
예문 금융위기가 재발할 가능성을 완전히 배제할 수 없다.

번역 我们无法完全排除再次面临金融危机的可能性。

004 일말의 가능성도 없다

표현 没有丝毫可能
예문 빈 라덴은 제거되었지만, 테러조직이 미국 공격을 중단할 가능성은 전혀 없다.

번역 虽然本拉登已被击毙，但恐怖组织停止攻击美国已没有丝毫的可能性。

005 A와 B 사이에 가로놓여 있다

표현 横亘于A与B之间
예문 오랫동안 남북 국가들 사이에 가로놓인 경제장벽은 드디어 철폐되었다.

번역 长期横亘于南北国家之间的经济藩篱终于被打破。

006 ~의 업그레이드(전환)를 가속화하다

표현 加快~转变，加速~转型
예문 지금 한국은 에너지 개발 방식의 전환을 가속화하고 있다.

번역 目前，韩国正加快能源发展方式的转变。

007 ~ 파괴를 가속화하다

표현 加速~破坏
예문 온실가스의 배출은 오존의 파괴를 가속화한다.

번역 温室气体的排放加速对臭氧的破坏。

008 ~의 부담(압박)을 가중시키다

표현 加重~负担, 加剧~压力
예문 전국 일제고사를 실시하기로 한 교육부의 방침은 학생들의 학업부담을 가중시킬 것임에 틀림없다.
번역 教育部决定将实施全国统一模拟考试, 这肯定会加重学生的学习负担。

009 A는 B에게 C한 가치가 있다

표현 A对B具有C价值
예문 북극 지역의 풍부한 자원은 중국에 경제적, 전략적 가치가 매우 크다.
번역 北极地区丰富的资源对中国具有重大经济和战略价值。

010 새롭게 각광(주목) 받다

표현 成为~新宠
예문 스마트폰이 보급되면서 애니팡처럼 짧고 집중적으로 즐길 수 있는 단순한 사교용 게임이 새롭게 주목 받고 있다.
번역 随着智能手机的普及, 短时间、集中性的简单社交游戏成为了用户的新宠, 如AniPang。

011 ~의 각도에서

표현 从~角度
예문 사업적 측면에서 볼 때, 싸이의 <강남스타일>의 성공은 문화산업에 큰 비즈니스 기회를 가져다 주었다.
번역 从商业角度来看,《江南气质》的成功给韩国文化产业带来不少商机。

012 ~을 둘러싼 각축을 벌이다

표현 围绕~展开角逐
예문 미국과 일본은 첨단과학 산업을 둘러싼 각축을 벌이고 있다.
번역 美日两国正在高科技产业领域里展开激烈角逐。

013 ~ 절차를 간소화하다

표현 简化~的程序, 简化~手续
예문 전문가들은 복잡한 산업재해 처리 절차를 간소화할 것을 제안했다.
번역 专家建议, 要简化复杂的工伤处理程序。

chapter 3 유용한 한중번역 표현 1000

014 ~ 간판을 내걸다

표현 挂上~牌匾
예문 마을에는 집집마다 작은 화원을 만들고 '문화의 집'이라는 간판을 내걸었다.
번역 村里家家都建起了小花园，户户挂上了"文明户"的牌匾。

015 아직 갈 길이 멀다

표현 还有漫长的路要走，任重道远
예문 한국은 언제쯤 과학 분야의 노벨상을 받을 수 있을까? 이에 대해 전문가들은 "아직도 갈 길이 매우 멀다."라고 말한다.
번역 韩国人何时能得到诺贝尔科学奖呢? 专家说，在我们面前还有一条漫长的路要走。

016 A와 B의 갈등을 심화하다(가중시키다)

표현 加剧A与B之间矛盾
예문 치열한 이익 경쟁이 국가간 갈등을 심화한다.
번역 激烈的利益之争加剧国与国之间的矛盾。

017 ~한 현실을 감안할 때

표현 鉴于~的现实，考虑到~现实
예문 우리나라의 현실을 감안할 때, 징병제를 없애는 건 무리다.
번역 鉴于韩国的现实情况，很难废除征兵制度。

018 A에 대해 B의 감정(느낌)을 갖다

표현 对A怀有B的情愫
예문 서동은 선화공주에게 특별한 감정을 가졌다.
번역 薯童对善花公主怀有一份特别的情愫。

019 ~ 강세를 이끌다

표현 引领~走强，带领~走强
예문 지난 한 해 중국은 아시아 주식시장의 강세를 이끌었고, 몇몇 증권거래소는 20% 이상 올랐다.
번역 过去一年，中国引领亚洲股票市场持续走强，几个证券交易所涨幅超过20%。

020 ~을 강점으로

표현 以~为优势
예문 중국은 저비용을 강점으로 세계의 공장으로 부상했다.
번역 中国以低成本为优势，成了世界工厂。

021 아무리 강조해도 지나치지 않다

표현 再强调也不为过
예문 민생 보장과 민생 개선의 중요성은 아무리 강조해도 지나치지 않는다.

번역 保障和改善民生的重要性，再强调也不为过。

022 A와 같은 B

표현 像A般的B
예문 그녀는 어렸을 때부터 "난 엄마같이는 안 살거야."라고 외쳐왔다.

번역 她从小就口口声声说，"我不希望活得像妈妈般的人生了。"

023 ~으로 개명하다

표현 更名为~
예문 집권여당인 한나라당은 새누리당으로 당명을 바꿨다.

번역 韩国执政党大国家党正式更名为"新国家党"。

024 시장을 개척하다

표현 开辟~市场，开拓~市场
예문 이 창업자들은 역경에 굴하지 않는 정신과 노력을 통해 태양열 온수기 시장을 크게 개척할 수 있었다.

번역 这一批创业者不惧艰辛的精神和实际行动，为太阳能热水器开辟了广阔的市场。

025 새롭게 개척하다, ~의 효시가 되다

표현 开创~先河
예문 중국의 '우량예(五糧液)'는 바이주(白酒) 업계에서 처음으로 브랜드 경영이라는 개념을 내세웠으며, 이번 회의는 중국 바이주 업계의 역사를 새롭게 개척했다.

번역 五粮液在全国白酒界率先提出品牌运营概念，这次会议无疑开创了中国白酒业历史先河。

026 A에서 B 회의를 개최하다

표현 在A召开B会议，B会议在A举行
예문 1972년, UN은 덴마크 코펜하겐에서 제1회 환경회의를 개최했다.

번역 1972年，联合国在丹麦哥本哈根召开首届环境会议。

chapter 3 유용한 한중번역 표현 1000

027　~ 대대적인 개혁을 단행하다

표현 挥舞~改革大锤
예문 독불장군식으로 대대적인 개혁을 단행하고 있는 푸틴에 대한 러시아 국민의 불만이 높다.
번역 普京仍我行我素，继续挥舞改革大锤，激发了俄国民众的不满。

028　~와 거꾸로 가다

표현 与~背道而驰
예문 소고기 가격과는 거꾸로 한우 농가의 수익은 적고 농가 숫자도 계속 줄고 있다.
번역 与牛肉价格背道而驰的，是牛肉养殖户微薄的利润以及养殖户数量的不断减少。

029　~와 거리를 좁히다

표현 拉近与~的距离，缩短与~的距离
예문 이런 학생들의 경우 끝없이 인내심을 갖고 존중해 주어야만 거리를 좁힐 수 있다.
번역 面对这样的学生，一定要耐心再耐心，充分尊重他们，只有这样，才能拉近与他们的距离。

030　~와 거리를 넓히다

표현 拉大与~的距离，拉开与~的距离
예문 기술 혁신을 통해 그들은 경쟁자와 거리를 계속 넓히고 있다.
번역 他们通过技术创新，继续拉大与竞争对手的距离。

031　A와 B의 거리가 매우 멀다

표현 A与B相距甚远，A与B相距遥远
예문 냉정하고 객관적으로 보면, 한국과 일본의 과학수준은 격차가 매우 크다.
번역 冷静客观地讲，韩国科学水平与日本相距甚远。

032　~로 거슬러 올라가다

표현 追溯到~
예문 공무원 선발제도의 역사는 고려 때의 과거제도로 거슬러 올라간다.
번역 韩国公务员考试制度的历史可以追溯到高丽时代的科举制度。

033 ~ 거짓말을 꾸미다, 날조하다

표현 编造~谎言
예문 일본 우익세력은 '위안부는 자발적으로 참여했다.'라는 식으로 날조를 일삼고 있다.
번역 日本右翼势力编造了种种谎言，炮制了"慰安妇自愿从军论。"

034 ~의 거품을 제거하다

표현 清除~泡沫，消除~泡沫
예문 금융위기 해소는 소비자의 신뢰를 되찾고 부동산 거품을 제거하는 과정이다.
번역 解决金融危机就是一个重建消费者的信心和清除房地产泡沫的过程。

035 ~ 거품이 붕괴하다(꺼지다)

표현 ~泡沫破裂，~泡沫破灭
예문 투기로 인한 부동산 가격 상승은 정부의 억제정책으로 한풀 꺾였지만, 이는 거품 붕괴가 가져올 조정의 고통을 완화시킨 데 불과하다.
번역 虽然经过政府调控，把投机推高房价的最高点可能是削掉了一部分，但只是减轻了泡沫破裂会造成的调整之痛而已。

036 ~의 걸림돌이 되다

표현 成为~绊脚石
예문 집 문제가 사랑과 결혼의 걸림돌이 되고 있다는 점이 안타깝다.
번역 目前，房子成为爱情和婚姻的绊脚石，令人感到遗憾。

037 걸음마 단계 수준이다

표현 处于起步阶段
예문 태양광 에너지 전지와 연료전지 등 기술은 여전히 걸음마 단계 수준에 머물러 있다.
번역 太阳能光伏电池、燃料电池等技术仍处于起步阶段。

038 ~에 대한 검역을 강화하다

표현 加大对~检疫力度
예문 미국은 수입식품에 대한 검역을 강화할 것이다.
번역 美国将加大对进口食品检验检疫力度。

chapter 3 유용한 한중번역 표현 1000

039 ~을 한 단계 격상하다

표현 把~更上一层楼
예문 우리는 중국측과 협력 강화를 통해 양국간 관계를 한 단계 격상하기를 희망한다.

번역 我们愿与中方加强合作，把韩中关系更上一层楼。

040 A를 B까지 격상하다

표현 把A升格为B，把A提升为B
예문 양측은 한중 관계를 전면적 협력 동반자관계로 격상하기로 합의했다.

번역 双方一致同意把韩中关系升格为全面合作伙伴关系。

041 A와 B의 격차가 커지다

표현 A与B之间的落差加大了
예문 사람들의 욕구와 현실 사이의 격차는 더욱 벌어졌다.

번역 人们的要求与现实之间的落差加大了。

042 A와 B의 격차가 줄어들다

표현 A与B的差距缩小
예문 중국 기업과 타국 기업의 기술격차는 점점 줄어들고 있다.

번역 中国企业与外国企业的技术差距逐渐缩小。

043 ~와 큰 격차를 보이다

표현 与~存在较大差距，与~大相径庭
예문 중국 저탄소 청정에너지의 기술혁신 수준은 선진국과 큰 격차를 보이고 있다.

번역 中国低碳清洁能源的技术创新与国际先进水平还存在较大差距。

044 A와 B의 격차를 확대하다

표현 拉开A与B的差距
예문 이 때문에 선진국과 개발도상국의 경제발전 수준차이가 계속 확대되고 있다.

번역 由此不断拉开了发达国家与发展中国家的经济发展水平差距。

045 ~의 발전을 견인하다, ~을 활성화하다

표현 带动~发展
예문 우리는 지방의 자원경쟁력 우위를 토대로 지방의 경제성장을 이끌어야 한다.

번역 我们要立足地方资源优势，带动地方区域经济发展。

046 ~의 입장(방침)을 견지하다

표현 坚持~方针
예문 중국 정부는 인터넷에 관하여 '법에 의거한 관리와 안전 확보'의 방침을 고수하고 있다.
번역 对互联网，中国政府坚持"依法管理、确保安全"的方针。

047 ~한 견해를 가지다

표현 持~意见
예문 지속적인 원전 사업 확대에 대해 절반 가까이가 반대하고 있다.
번역 对是否持续发展核电项目，近半数人持强烈反对意见。

048 ~ 문제에 대해 결단을 내리지 못하다

표현 围绕~问题(上)犹豫不决
예문 일본 정부는 일왕의 방한 문제에 대해 항상 결단을 내리지 못하고 있다.
번역 日本政府总是围绕天皇出访韩国的问题上犹豫不决。

049 (~ 사업이) 결실을 맺게 했다

표현 让~事业开花结果
예문 빈 라덴이 제거됨으로써, 10년에 걸친 미국의 테러와의 전쟁이 결실을 맺었다.
번역 本拉登之死让美国长达10年的反恐事业终于开花结果。

050 ~의 결심은 흔들리지 않는다

표현 ~的决心不会动摇
예문 평화로운 발전을 견지하려는 중국의 결심은 흔들리지 않는다.
번역 中国走和平发展之路的决心不会动摇。

051 ~ 결심을 굳히다

표현 坚定~决心，下定决心
예문 '비리는 없애려고 할수록 오히려 더 커진다.'라는 주장은 옳지 않다. 부패를 뿌리뽑겠다는 결심을 굳혀야 한다.
번역 所谓"腐败越反越多"的看法其实是不正确的，必须坚定反腐败斗争的决心。

052 ~에 의해 결정되다

표현 由~来决定，取决于~
예문 시장경제 사회에서 상품 가격은 시장에 의해 결정된다.
번역 在市场经济社会里，商品的价格是由市场来决定的。

chapter 3 유용한 한중번역 표현 1000

053　~와 결탁하다

표현 与~(相)勾结
예문 일제강점기 시절 일부 조선인은 일본인과 결탁하여 많은 재산을 빼돌렸다.
번역 殖民统治时期，部分韩国人与日本勾结，掠夺国内巨额财产。

054　A와 B를 결합하다

표현 把A和B相结合
예문 환경보호는 의식주 문제와 함께 해결해야 하며, 무엇보다 환경보호와 민생을 결합해야 한다고 그는 강조했다.
번역 他强调，环保要与温饱一起抓住，更要把环保和民生相结合。

055　A에게 B에 대한 경각심을 일깨우다

표현 引发A对B的警觉
예문 레이첼 카슨의 작품 <침묵의 봄>이 환경문제에 대한 경각심을 일깨웠다.
번역 蕾切尔·卡逊的作品《寂静的春天》引发了人类对环境问题的警觉。

056　~에 대한 경각심을 높이다

표현 对~提高警惕
예문 기후변화와 이것이 초래할 문제에 대해 경각심을 높여야 한다.
번역 我们要对气候变化及其所导致的影响提高警惕。

057　~을 경계하다, ~에 대한 경계심을 늦추지 않다

표현 对~保持高度警惕
예문 주택가격이 반등하는 문제에 대해 경계심을 늦추지 말아야 한다.
번역 我们对房价反弹必须保持高度警惕。

058　A에서 B를 경유하여 C에 이르다

표현 从A经过B到C
예문 우리 열차는 서울역을 출발하여 오송역을 경유하여 목포역까지 가는 열차입니다. 도중에 서대전역과 익산역에 각각 정차할 예정입니다.
번역 这次列车，从首尔出发，经过五松，到木浦，途经西大田、益山。

059　~을 둘러싼 경쟁이 치열해지다

표현 围绕~的竞争升温, 围绕~的竞争激化
예문 북극 자원을 둘러싼 경쟁이 치열해지고 있다.
번역 围绕北极资源的竞争正在快速升温。

060 A와 B의 경쟁을 벌이다

표현 与A展开B的竞争
예문 인도는 경제의 지속 성장에 따라 거의 모든 분야에서 중국과 치열하게 경쟁하고 있다.
번역 随着印度经济持续发展，在几乎所有领域与中国展开激烈竞争。

061 ~ 경쟁력을 갖추다

표현 具备~竞争力
예문 글로벌화가 심화하는 오늘날, 우리는 국제경쟁력을 갖춘 인재와 일류 기업을 양성해야 한다.
번역 在全球化日益加深的今天，我们应培养一批具备全球竞争力的人才，培育一批具备国际竞争力的企业。

062 ~에 경종을 울리다

표현 向~敲响警钟，给~敲响警钟
예문 세월호 사건은 우리 산업계 전반의 안전에 대한 경종을 울렸다.
번역 韩国"岁月号"沉船事故给该国整个产业界敲响了安全警钟。

063 ~하는 경향이 있다

표현 倾向于~
예문 일본 소비자들은 자국 브랜드를 선호하는 경향이 있다.
번역 日本消费者倾向于选择本土品牌。

064 ~ 경험을 축적하다

표현 积累~经验
예문 중국은 지난 30년 간 지속적인 경제성장에 성공했고 소중한 경험을 쌓아왔다.
번역 30年来，中国在可持续发展方面取得了突出成就，积累了宝贵经验。

065 ~에게 계기를 제공하다

표현 为~提供平台，为~提供契机
예문 그는 창업이 작품 홍보 기회를 주었고, 혁신 또한 창업의 계기를 제공했다고 강조했다.
번역 他强调，创业为推广作品提供了平台，同时创新也为创业提供了契机。

chapter 3　유용한 한중번역 표현 1000

066　~로 가격을 계산하다

표현 以~计算
예문 달러강세로 인해, 달러로 계산되는 국제유가 역시 고공행진을 거듭하고 있다.

번역 随着美元走强，以美元计算的国际油价也随之高企。

067　(자원 등이) 고갈되다

표현 ~面临枯竭
예문 10년 후에 중국의 석유자원은 고갈될 것이라고 전문가들은 전망했다.

번역 专家预测，10年后，中国石油资源面临枯竭。

068　~을 고려하여

표현 出于~考虑，出于~考量，鉴于~，考虑到~
예문 안전 문제 차원에서 구글은 내부적으로 윈도우 OS 사용을 점차 중단해 나가고 있다.

번역 谷歌出于安全考虑，逐步在内部停用Windows操作系统。

069　~한 점을 고려하다, ~에 눈을 돌리다

표현 从~着眼
예문 '큰 틀'에서 생각한다는 것은, 신에너지 산업 촉진 정책을 포함하여 저탄소녹색 경제발전 전략을 수립하는 것을 뜻한다.

번역 从大处着眼，是指要形成我国低碳绿色经济发展蓝图，包括制定针对新能源产业的刺激政策。

070　~에 의해 고발 당하다

표현 被~告发
예문 1억 원의 뇌물을 받은 사실이 전처의 고발로 밝혀진 국세청 직원이 징역 2년에 처해졌다.

번역 韩国一位国税厅职员受贿一亿韩元被其前妻告发，被判处有期徒刑一年。

071　~ 고비를 넘기다

표현 脱离~危险，渡过~关头
예문 응급처치에 총력을 다한 결과, 그는 위험한 고비를 넘길 수 있었다.

번역 经过全力抢救，他已经脱离了生命危险。

072 ~ 고삐를 죄다

표현 拉紧~缰绳
예문 토지 담당 공무원 일부의 일탈행위가 발생하는 가운데, 제도 혁신을 통해 권한이 남용되지 않도록 고삐를 단단히 죄어야 한다.
번역 在部分土地官员权力失控之下，亟待通过制度创新突破，拉紧权力制约的"缰绳"。

073 ~ 정책을 고수하다

표현 奉行~政策
예문 새로 출범한 미국 정부가 적극적인 대중 정책을 지속 추진하고, 이를 바탕으로 중국 측과 대화와 교류 확대를 통한 상호신뢰 및 협력 강화를 희망한다.
번역 希望新一届美国政府能够继续奉行积极的对华政策，在现有的基础上与中方进一步加强对话交往，增进互信合作。

074 ~의 고통을 많이 받다

표현 饱受~之苦，被~折磨，经受~煎熬
예문 글로벌 금융위기 이후 실업의 고통에 시달리며 생활고를 겪는 사람이 적지 않다.
번역 金融危机发生以来，不少平民饱受失业之苦，生活极度贫困。

075 ~을 골자(취지)로 하다

표현 以~为主旨，以~为宗旨，以~为主线
예문 협력과 상생을 주제로 열린 이번 총회에서는 상호협상을 강조하고, 보조수단으로써 현장에서의 협력기회도 제공한다.
번역 本届大会以"合作共赢"为宗旨，强调互动洽谈，以提供现场合作机会为辅助服务。

076 ~에 대해 공감하다

표현 对~产生共鸣
예문 2차 대전 당시 위안부 생존자들은 미국 국회에서 증언을 했고, 이들의 불행한 인생에 많은 사람이 공감했다.
번역 二战慰安妇幸存者在美国国会作证，很多人对她们的不幸产生共鸣。

077 ~의 공감을 얻다

표현 得到~的共鸣
예문 시진핑 중국 주석은 부패 척결을 통한 신뢰 회복을 강조했고 이는 중국 인민의 큰 공감을 얻어냈다.
번역 中国国家主席习近平强调反腐败要取信于民，得到了广大人民群众的共鸣。

chapter 3 유용한 한중번역 표현 1000

078 ~의 공감대를 모으다, ~의 생각을 한데 모으다

표현 凝聚~共识
예문 우리가 '지속 가능한 사회'를 만들려면 사회 구성원 전체의 공감대를 형성하는 것이 최우선이다.

번역 要建立一个可持续发展社会，我们迫切需要凝聚所有社会成员的基本共识。

079 ~와 공감대를 형성하다

표현 和~产生共鸣，与~形成共鸣
예문 상대와 공감할 줄 모르는 사람은 무슨 일을 하든 제대로 될리가 없다.

번역 无法和对方产生共鸣的人，无论做什么都不能顺利顺心。

080 ~ 공격을 당하다

표현 遭到~袭击
예문 미국은 조만간 알 카에다의 보복성 테러 공격을 받을 수 있다.

번역 美国在近期可能遭到来自"基地"组织的报复性恐怖袭击。

081 ~의 공공의 적이 되다

표현 成为~众矢之的
예문 후쿠시마 원전 사고 때문에 도쿄전력은 일본은 물론 전세계의 공공의 적으로 전락했다.

번역 福岛核辐射危机使日本东京电力公司成为日本乃至全球众矢之的。

082 ~ 공신력을 갖추다

표현 建立~公信力
예문 시스템화된 관리란 제도의 제정이 아닌 제도의 시행에 의해 이루어진다. 그리고 제대로 제도를 시행하려면 공신력을 갖춰야 한다.

번역 制度化管理的关键不在于制定制度，而在于制定的执行，而制度执行的关键在于建立制度的公信力。

083 ~은 공염불에 그치고 만다

표현 只能成为纸上谈兵
예문 효과적으로 관리감독하지 않는다면 실내금연은 공염불에 그치고 만다.

번역 如果没有有效监督，室内禁烟恐怕只能成为纸上谈兵。

084 ~한 공포를 느끼다

표현 陷入~恐惧之中
예문 911 테러사건은 미국인에게 극한의 공포감을 느끼게 했다.

번역 911恐怖袭击事件使美国人陷入极度恐惧之中。

085 ~의 공황상태에 빠지다

표현 陷入~恐慌之中
예문 나는 요즘 이유를 알 수 없는 공황상태에 빠져서 일상생활에 지장을 받기도 한다.

번역 目前，我常常陷入无名的恐慌之中，也影响到我的生活。

086 ~ 과목(커리큘럼)을 개설하다

표현 开设~课程
예문 세종학당은 중국 웨이하이 산둥대학교에 무료 한국어 과목을 개설했다.

번역 世宗学堂在威海山东大学免费开设韩语课程。

087 ~ 신분을 과시하다

표현 展示~身份
예문 자신의 신분을 과시하려고 안달을 하는 '벼락부자'들이 점점 늘고 있다.

번역 越来越多的"超富"急切地想展示自己的身份。

088 ~한 과정에 놓여 있다, ~한 상황(추세)에 놓여 있다

표현 处于~过程中
예문 신에너지 차량은 지금 세계 곳곳에서 다양한 형태로 발전하는 추세이다.

번역 国际新能源汽车正处于多元化发展过程中。

089 ~ 과정을 걸어오다

표현 走过~历程
예문 지난 백 년을 돌아보면, 우리 민족은 험난한 세월을 거쳐왔음을 알 수 있다.

번역 回顾一百年，我们韩国民族走过了风雨艰险的历程。

090 A에게 B 과징금을 부과하다

표현 对A课以B的罚款(重罚)
예문 EU가 마이크로소프트사에 대한 거액의 과징금 부과 사실을 발표한 가운데 최근 그 액수는 무려 13억 달러에 이른다.

번역 欧盟表示，要对微软课以巨额罚款，最新数值已达13亿美元。

091 A와 B의 관계가 매우 긴밀하다

표현 A和B的关系空前热络
예문 김대중, 노무현 두 전직 대통령 시절의 남북관계는 최상이었다.

번역 金大中、卢武铉执政时期，南北韩关系空前热络。

chapter 3 유용한 한중번역 표현 1000

092 A와 B의 관계를 맺다

표현 与A建立B的关系
예문 한중 정상은 전략적 협력동반자 관계를 구축하기로 합의했다.
번역 韩中两国领导就建立战略性合作伙伴关系达成共识。

093 ~ 관계를 한층 더 발전시키다

표현 推动~向前发展
예문 우리는 이번 방문이 순조롭게 끝날 것이며 한중 양국간 전략적 상호이익 관계를 한층 더 발전시킬 것이라고 확신합니다.
번역 我们相信，此次访问必将取得圆满成功，推动韩中战略互惠关系向前发展。

094 ~ 관례를 깨다

표현 打破~惯例
예문 이번 만찬에서는 무대를 회의장 끝에 설치하던 관례를 깨고 체육관 중앙에 두어, 관중들의 공연 관람에 편의를 제공했다.
번역 这次晚会打破了以往舞台固定在会场一端的惯例，把舞台设置在体育馆中央，方便现场的观众欣赏演出。

095 A는 B가 관리하다

표현 A由B来管理
예문 국민 생활물가는 정부 관련부서가 정기적으로 관리하며, 필요시 적절한 조치를 취할 수 있다.
번역 国民生活物价由政府有关部门定期管理，必要时采取恰当的措施。

096 ~에 큰 관심을 보이다

표현 对~表现出浓厚兴趣, 对~予以极大的关注
예문 많은 신흥시장국가들이 브릭스 협력시스템 가입에 매우 적극적이다.
번역 不少新兴市场国家对加入金砖国家合作机制表现出浓厚兴趣。

097 대국적 관점에서

표현 着眼(于)大局
예문 그는 큰 구도와 장기적 관점에서 냉정과 자제를 잃지 않고 평화적인 문제 해결에 나설 것을 관련 당사국에 촉구했다.
번역 他呼吁有关各方应着眼大局和长远，保持冷静克制，和平解决问题。

098 관측사상 최악의 ~

표현 观测史上最大规模~
예문 일본은 2011년 3월 11일에 관측사상 최악의 지진 피해를 입었다.

번역 2011年3月11日，日本遭受了国内观测史上最大规模地震的袭击。

099 남북을 관통하다

표현 纵跨~南北
예문 경부선은 서울에서 부산까지 남북을 관통하는 국가의 대동맥이다.

번역 京釜线从首尔到釜山，是纵跨韩国南北的大动脉。

100 동서를 관통하다

표현 横贯~东西
예문 시베리아 횡단철도(TSR)는 러시아의 동서를 관통하는 간선철도이다.

번역 西伯利亚大铁路是横贯俄罗斯东西的铁路干线。

101 ~를 기용해 광고 하다

표현 聘请~做广告，聘请~打广告
예문 이미 시장이 성숙한 서유럽 국가의 업체들은 광고를 위해 큰 비용을 들여 스타를 쓰지 않는다.

번역 西欧国家的市场一般来说比较成熟，欧洲的厂商不太愿意花费重金聘请明星做广告。

102 ~을 괴롭게 하다, ~의 골치를 썩이다

표현 使~大伤脑筋
예문 최근 미국은 신무기를 속속 선보이는 중국 때문에 골치를 앓고 있다.

번역 近几年，中国新型武器频频亮相，使美国大伤脑筋。

103 ~ 괴롭힘을 당하다

표현 受到~欺负，备受~欺负
예문 세계사를 들여다보면 괴롭힘을 당하는 약소국이 나중에 더 약한 나라를 괴롭히는 일본 같은 사례가 많다는 것을 알 수 있다.

번역 反观世界历史可以看出，受到欺负的小国转过身来又把这种欺压实施到更弱的国家头上，日本就是典型的例子。

104 ~ 교류를 확대하다

표현 深化~交流
예문 한중 양국은 1992년 수교 이후 청소년 교류를 지속 확대해 왔다.

번역 1992年建交以来，韩中两国进一步深化两国青少年交流。

chapter 3 유용한 한중번역 표현 1000

105　~ 교착상태를 타개하다

표현 化解~僵局
예문 이 문제 때문에 중국과 미국은 군사교류를 중단해서는 안 되며, 군사문제로 인한 교착상태를 타개할 방안을 모색해야 한다.
번역 中美双边的军事交流不应因此而停下，应寻求化解军事僵局的办法。

106　~에서 교훈을 얻다

표현 从~中汲取教训，从~中吸取教训
예문 일본의 원전 위기를 교훈 삼아, 에너지 정책 전반을 재점검하는 기회로 삼아야 한다.
번역 我们应从日本核危机中汲取教训，重新评估能源政策。

107　~의 구도를 바꾸다

표현 改变~格局
예문 브릭스 국가들의 급속한 발전은 세계 경제와 무역, 외교 구도를 송두리째 뒤바꿀 것이다.
번역 金砖国家的崛起将会彻底改变世界经济、贸易以及外交格局。

108　~으로 구성되다

표현 由~组成
예문 EU는 20여 개 유럽 국가로 구성되어 있다.
번역 欧盟是由二十几个欧洲国家组成的。

109　~에 구속되다

표현 被~束缚手脚
예문 책임의 주체와 감독의 주체를 효과적으로 철저히 분리해야 한다. 그래야만 제도와 현실에 의해 발목 잡힌 문제점이 해결되고 이 같은 비극의 재발을 미리 방지할 수 있다.
번역 只有有效实现责任主体与监督主体的彻底分离，被制度和现实束缚的手脚才能真正放开，避免类似的悲剧再次发生。

110　~에 구애 받지 않고

표현 不(要)拘泥于~，不受~拘束
예문 이것은 당장 코 앞의 단기적인 이익에 구애 받을 게 아니라, 장기적인 관점에서 생각해야 할 문제이다.
번역 不要拘泥于眼前的短期利益，这是从长远的角度考虑的问题。

111 ~에 대해 구조조정을 단행하다

표현 对~进行重组，对~进行结构调整
예문 캐나다는 신속대응군 위주로 군에 대한 대규모 구조조정을 단행할 예정이다.

번역 据悉，加拿大将对军队进行重组，重金打造快速反应部队。

112 ~에는 국경이 없다

표현 ~没有边界
예문 후쿠시마 원전 방사능 누출사건은, 원전 사고에 국경이란 없음을 보여준다.

번역 福岛核泄漏事件告诉我们，核事故没有边界。

113 ~와 국교를 정상화하다

표현 与~实现邦交正常化
예문 역사문제 청산은 북일 국교 정상화의 필수 요건이다.

번역 清算历史，是实现北韩与日本实现邦交正常化必不可少的条件。

114 국기를 꽂다

표현 把国旗插在~上
예문 그는 에베레스트산 정상에 태극기를 꽂기 위해 거의 평생을 바쳤다고 말했다.

번역 他说，"为了把韩国国旗插在珠穆朗玛峰上，几乎花去了一生的时间。

115 ~을 국유화하다

표현 把~收归国有
예문 후쿠시마 원전 사고 이후 도쿄전력의 국유화를 주장하는 사람이 적지 않다.

번역 福岛核危机发生以来，不少人主张要把东京电力公司收归国有。

116 문제는 ~에만 국한되지 않는다

표현 问题远不止于~
예문 문제는 고용시장에만 국한되지 않으며, 국민의 권익 보호가 핵심 사항이다.

번역 问题远不止于就业市场，根本点在于保障群众的权利。

117 ~에게 굴복하다

표현 向~低头
예문 우리는 결코 테러조직에 굴복하지 않을 것이다.

번역 我们绝不会向恐怖组织低头。

chapter 3 유용한 한중번역 표현 1000

118　~를 궁지(사지)로 몰아넣다, ~를 벼랑으로 내몰다

표현 把~逼进死胡同，逼得~无路可走
예문 그는 자신을 스스로 사지로 몰아넣는 어리석음을 범하지 말라고 일본에 경고했다.
번역 他警告说，日本不要把自己逼进死胡同。

119　~ 권리를 행사하다

표현 行使~权利
예문 회의에 대리로 참석한 이사는 주어진 권한 내에서 이사로서 권한을 행사해야 한다.
번역 代为出席会议的董事应当在授权范围内行使董事的权利。

120　A에게 B 권한을 부여하다

표현 授权A(목적어)+B(동사)，向A发放B权利
예문 미국은 재해 지역에서 악행을 일삼는 폭도를 총살할 수 있는 권한을 군에 부여했다.
번역 美国政府授权军队击毙在受灾地区行凶的暴徒。

121　~의 궤도에 진입하다, ~ 물결을 타다

표현 步入~轨道，进入~轨道
예문 중국과 일본의 관계 개선은 급물살을 타고 있다.
번역 中日关系正步入快速改善轨道。

122　~ 규모를 줄이다

표현 缩小~规模
예문 향후 일부 업무의 규모 축소를 고려할 수 있다.
번역 我们今后将考虑缩小部分业务的规模。

123　~ 규정을 만들다

표현 出台~规定
예문 대법원은 보상이 공정하게 이뤄지지 않은 경우, 강제집행을 불허하는 철거 규정을 만들었다.
번역 最高法院出台了拆迁规定，补偿不公平不准强制执行。

124 ~에 대한 규제를 강화하다

표현 提高~门槛，加大~限制
예문 현재 기술적 무역장벽이 우리나라에 미치는 문제가 점점 심각해지고 있는 만큼 국산제품의 해외시장 진출 규제를 강화해야 한다.

번역 当前，技术性贸易壁垒对韩国的影响日益显著，因此必须提高韩国产品进入国外市场的门槛。

125 ~에 대한 규제를 완화하다

표현 放宽(对)~的限制，降低(对)~的门槛
예문 소매업이 외국자본에 투자할 때의 규제를 더욱 완화해야 한다.

번역 进一步放宽零售业对外资投资的限制。

126 ~의 규제로 인해

표현 囿于~的限制
예문 기술적 제약으로 인해 대다수는 여전히 조립 수준에 머물러 있으며 자신의 특색을 발휘하는 업체는 소수에 불과하다.

번역 囿于技术限制，大多数还处在组装的水平，很少有厂家能做出自己的特色。

127 ~ 규칙을 보여주다

표현 体现~规律
예문 이것은 전형적인 수요-공급 곡선의 변화로서 가격 변화에 따른 수요의 규칙을 보여준다.

번역 这是一个典型的供求曲线变化，体现了需求随着价格而变化的规律。

128 A와 B의 관계 사이의 균형을 유지하다

표현 平衡A和B之间的关系
예문 미국은 반테러 계획을 그 밖의 목표와 균형 있는 관계로 유지하고 있다.

번역 美国政府正平衡反恐目标和其他目标之间的关系。

129 (분노, 공포 등) 극에 달하다

표현 ~已经达到极限
예문 원전사고 발생 이후, 후쿠시마 현민의 분노와 공포는 극에 달했다.

번역 核电事故发生以来，福岛县民众的愤怒和恐惧已达到极限。

130 ~ 극단적 상황으로 몰리다

표현 逼到~悬崖边缘
예문 미국 자동차는 한국과 중국 차의 치열한 경쟁으로 인해 극단적 상황에 몰렸다.

번역 美国汽车已被韩国和中国车的激烈竞争逼到悬崖边缘。

chapter 3 유용한 한중번역 표현 1000

131　~을 극대화하다

표현 把~提高(达)到最大化
예문 자본주의는 기업에게 경쟁을 통한 이윤 극대화를 허용하는 제도이다.
번역 资本主义的宗旨在于允许企业通过竞争把利润提高到最大化。

132　(위기, 질병 등을) 극복하다

표현 战胜~危机，战胜~疾病
예문 영국정부는 구제역 위기를 극복했다고 선언했다.
번역 英国政府宣布，该国已经战胜了口蹄疫危机。

133　~의 문제점을 극복하다

표현 克服~瓶颈
예문 신재생에너지 개발에 박차를 가하기 위해서는 핵심기술의 문제점을 극복해야 한다.
번역 实现新可再生能源的快速发展，需要克服关键技术瓶颈。

134　~의 극찬을 받다

표현 赢得~高度赞赏
예문 아시아 금융위기가 발생했을 때 중국은 위안화 환율을 안정적으로 유지하여 국제사회로부터 큰 지지를 얻었다.
번역 在亚洲金融危机期间，中国政府实行稳定人民币汇率的政策赢得了国际社会高度赞赏。

135　~을 근거로

표현 以~为根据
예문 정부는 <람사르 국제습지보호 협약>을 근거로 여러 습지 보호 정책을 발표했다.
번역 韩国政府以《国际湿地公约》为根据，出台一系列保护湿地的措施。

136　~의 근거를 제공하다

표현 为~提供依据
예문 통계청이 발표한 3분기 경제 지표는 정부의 정책결정에 실질적인 근거를 제공했다.
번역 韩国统计厅公布了第三季度经济指标，为政府决策提供真实依据。

137 근시안적 행동을 바꾸다

표현 改变~短视行为
예문 우리는 오직 물질적 발전만을 추구하는 근시안적 행동을 바꿔야 할 것이다.
번역 我们要改变片面追求物质发展的短视行为。

138 ~의 금자탑을 쌓다

표현 竖起~丰碑
예문 그는 세계 수영 역사에 찬란한 금자탑을 세웠다.
번역 他在世界游泳史上竖起了一座辉煌的丰碑。

139 지금의 급선무는 ~이다, 지금은 ~이 가장 시급하다

표현 目前的当务之急是~, 目前的首要任务是~
예문 지금은 각 회원국의 응집력을 더욱 강화하는 것이 가장 시급하다.
번역 目前的当务之急是加强各成员国的凝聚力。

140 ~ 신청을 기각하다

표현 驳回~申请
예문 중국 인민법원은 중신(中信) 은행의 항소 신청을 기각했다.
번역 人民法院驳回中信银行的再审申请。

141 ~ 상고를 기각하다

표현 驳回~上诉
예문 대법원은 상고를 기각하고 원심을 확정하는 최종 판결을 내렸다.
번역 韩国最高法院终审宣判，驳回被告上诉，维持原判。

142 ~ 기구를 발족하다(창설하다)

표현 成立~机构, 设立~机构
예문 중국 발전개혁위원회는 가격의 이상 변동에 대처할 전문 가격규제 기구를 발족했다.
번역 发改委成立了专门价格监管机构，应对价格异常波动。

143 ~ 기능을 추가하다

표현 增添~功能, 添加~功能
예문 페이스북은 오늘 발표한 버전 5.1 iOS앱에서 한번에 여러 사진을 동시에 업로딩하기와 선물하기 등 다양한 새로운 기능을 선보였다.
번역 脸谱今天发布了5.1版iOS应用，增添了一次性上传多张照片、赠送礼物等多项新功能。

chapter 3 유용한 한중번역 표현 1000

144 ~에 큰 기대를 걸다

표현 对~抱有厚望, 对~寄予厚望, 给~赋予极大期望
예문 두 나라는 상호 관계 개선에 큰 기대를 걸고 있다.

번역 双方对改善两国关系都抱有强烈厚望。

145 ~의 기반을 파괴하다

표현 破坏~的基础
예문 6.25전쟁은 농업과 공업의 기반을 파괴했다.

번역 韩国战争让韩国农业和工业基础受到破坏。

146 ~ 기반을 흔들다

표현 撼动~基石
예문 이로 인한 신용의 위기는 사회 안정의 기반을 송두리째 흔들고 있다.

번역 由此产生的信任危机正在撼动社会的稳定基石。

147 ~ 기선을 잡다, ~를 주도하다

표현 执~牛耳
예문 글로벌화의 유리한 기선을 잡은 중국은 이번 세대에 선진국 대열에 합류할 것으로 보인다.

번역 中国处在执全球化之牛耳的有利位置，可望在这一代进入发达国家行列。

148 ~가 기승을 부리다

표현 遭到~席卷, ~席卷(全国)
예문 남부 지역은 무더위가 계속해서 기승을 부리고 가뭄이 지속될 것이라고 일기예보는 말한다.

번역 天气预报说，南方地区将再遭遇高温热浪天气席卷，旱情持续发展。

149 결코 잊을 수 없는 기억

표현 抹不掉的记忆
예문 미국의 남아도는 식량을 수입해서 먹고 살던 쓰라린 기억이 지금도 잊혀지지 않는다.

번역 依赖进口美国剩余粮食过日子的悲惨岁月成为一段抹不掉的记忆。

150 ~에 크게 기여하다

표현 为~做出了很大的贡献
예문 김대중 전 대통령은 군사적 긴장 완화에 크게 기여했다.

번역 韩国前总统金大中为缓解军事压力做出了很大的贡献。

151 A를 B에 기입하다 (써 넣다, 수록하다)

표현 把A写入B
예문 일본은 '독도는 일본 고유의 영토'라는 내용을 중고교 교과서에 수록했다.

번역 日本政府把"独岛是日本固有领土"的内容写入中学教科书。

152 ~ 기적을 창조하다

표현 创造~奇迹
예문 우리 국민은 분열과 폐허의 아픔을 딛고 산업화와 민주화를 실현했고 한강의 기적을 이뤄냈다.

번역 在分裂和废墟中，韩国国民实现了工业化和民主化，创造了汉江奇迹。

153 ~ 기조를 바꾸다

표현 改变~基本方向
예문 그는 독도 영유권 논란이 결코 한일관계의 기조를 바꿀 수는 없다고 말했다.

번역 他说，"岛屿之争"不会改变韩日关系的基本方向。

154 ~을 기준으로

표현 在~的基础上，以~为标准
예문 선진국은 온실가스 배출량을 1990년 기준으로 평균 5.2% 감축할 의무가 있다.

번역 发达国家有义务把温室气体排放量在1990年基础上平均减少5.2%。

155 ~ 기준을 마련하다

표현 建立~标准
예문 국제적인 개방형 기준을 확립하는 것은 정보산업의 상호운용성(interoperability)을 실현하는 중요한 통로이다.

번역 建立全球性的开放性标准是实现信息产业互操作性的重要途径。

156 A를 B에 기증하다

표현 把A捐献给B
예문 자신이 죽으면 시신을 의학 연구를 위해 기증하고 싶다는 그의 결정에 자녀들도 동의했다.

번역 他决定，把遗体捐献给医学研究，并得到了子女们的支持。

chapter 3 유용한 한중번역 표현 1000

157 ~의 기초를 다지다

표현 为~打下基础, 为~奠定基础
예문 중국은 중산층 사회, 이른바 샤오캉 사회의 본격 실현을 위한 기초를 탄탄히 다지는데 총력을 기울이고 있다.

번역 目前，中国加快努力，为实现全面小康打下坚实的基础。

158 ~의 기치를 높이 들다

표현 高举~旗帜
예문 우리는 과학기술을 통한 강국 실현의 기치를 높이 들고 주어진 기회를 충분히 살려 발전에 박차를 가해야 할 것이다.

번역 我们要高举科技强国的旗帜，抢抓机遇，加快发展。

159 A를 B의 좋은 기회로 삼다

표현 把A当作B的机会
예문 일본은 이번 재난을 신뢰 회복의 중요한 기회로 삼고 있다.

번역 日本把此次灾害当作该国在重获信任的重要机会。

160 (부정적) ~한 기회를 이용하여

표현 趁(着)~之机, 趁(着)~机会
예문 그들은 국제 곡물가격이 상승하는 틈을 타 수출가격을 높여 폭리를 취했다.

번역 趁着国际粮食价格上涨之机，他们抬高出口价格，牟取暴利。

161 기회를 잡다(포착하다)

표현 抓住~机遇, 捕捉~机遇
예문 이번 대화는 양국 관계를 호혜상생의 방향으로 진전시킬 역사적 기회다.

번역 这次对话抓住了两国关系向着互利共赢前进的历史机遇。

162 A에게 B 기회를 주다

표현 为A提供B机会
예문 금융위기는 위안화가 국제통화로 발돋움할 수 있는 좋은 기회를 주었다.

번역 金融危机为人民币成为世界货币提供了良好的机会。

163 A에게 B할 기회를 박탈하다

표현 剥夺A(목적어)+B(동사)的机会
예문 부모는 아이들의 자아실현 기회를 박탈해서는 안 된다.

번역 父母不要剥夺孩子自我实现机会。

164 ~ 절호의 기회를 놓치다

표현 错失~良机
예문 정부는 6자 회담에 조속히 복귀할 절호의 기회를 놓치지 말라고 북측에 촉구했다.

번역 韩国政府敦促北韩不要错失良机，尽快重返六方会谈谈判桌上。

165 ~ 기회를 마련하다

표현 营造~机会
예문 부모는 아이들에게 무조건 '안돼, 안돼'만을 외치며 성장을 저해할 것이 아니라 탐구하고 학습할 기회를 마련해 주어야 한다.

번역 最好，父母要给孩子营造探索学习的机会，而不要一直用"不行、不可以"来影响孩子的成长。

166 기회이자 도전이다

표현 既是机遇，也是挑战
예문 한중일 FTA가 체결된다면 우리에게는 기회이자 도전이 될 수 있다.

번역 对韩国来说，签订韩中日自由贸易协定既是机遇，也是挑战。

167 매우 긴밀하게 얽힌 ~, 의존도가 높은

표현 你中有我，我中有你的~
예문 우리는 지금 상호 의존도가 매우 높은 시대에 살고 있다.

번역 目前，我们正处于"你中有我，我中有你"的世界。

168 ~ 긴장을 고조시키다

표현 加剧~紧张气氛
예문 미일 합동군사훈련은 중일 양국간 긴장을 가중시킬 뿐이며, 일본의 이런 기고만장한 태도는 중국을 크게 자극하고 있다.

번역 美日联合军事演习只会加剧中日两国的紧张气氛，日本嚣张气焰彻底愤怒中国。

chapter 3 유용한 한중번역 표현 1000

169 ~의 길(노선, 방침)을 걷다

표현 走~之路，走上~道路
예문 세계 정상급 기업과 비교할 때 우리나라의 에너지 기업이 추구하는 친환경 저탄소 발전의 길은 아직도 멀기만 하다.

번역 与世界一流企业相比，韩国能源企业走绿色低碳发展之路，仍然任重道远。

170 ~ 길을 열다, ~ 길을 개통하다

표현 开辟~的道路
예문 우리는 신재생에너지 개발에 더욱 매진하여 새로운 발전의 길을 모색해야 한다.

번역 我们要大力发展新可再生能源，开辟新的发展道路。

171 ~를 길들이다, 말을 듣게 하다

표현 逼迫~就范
예문 일본이 또 다시 중국 어선을 나포한 저의는 중국을 길들이기 위해서이다.

번역 日本再次扣押一艘中国渔船，意图逼迫中国就范。

172 ~에 깊숙이 스며들다

표현 渗透到~方方面面
예문 인터넷은 이미 현대 사회의 곳곳에 깊숙이 스며들었다.

번역 网络已经渗透到现代社会的方方面面。

173 ~에 깊은 관심을 보이다, ~을 예의주시하고 있다

표현 对~表示高度关注
예문 중국은 한미 합동군사훈련에 깊은 관심을 보이고 있다.

번역 中国对韩美联合军事演习表示高度关注。

174 ~ 꽃이 피다

표현 绽放~花朵
예문 조국의 미래이며 민족의 희망인 어린이는 화원에 활짝 핀 예쁜 꽃이다.

번역 孩子是祖国的未来，民族的希望，是在花园里绽放的美丽的花朵。

175 ~에게 끌려다니다

표현 被~牵着鼻子走
예문 일부 지자체가 다수 시민의 이익을 포기한 채 알아서 개발업체에게 끌려다닌다는 것은 부인할 수 없는 사실이다.

번역 不容否认，某些地方政府放弃了广大民众的利益，甘心情愿被开发商牵着鼻子走了。

176 ~를 새로운 경지로 끌어올리다

표현 把~推向一个崭新的阶段
예문 우리는 더 많은 협력사와의 제휴를 통해 재무 및 경제 분야에 대한 컨설팅 서비스 수준을 획기적으로 끌어올릴 수 있기를 희망합니다.

번역 我们期待与更多的合作伙伴携手共进，一起把我们财经领域咨询服务推向一个崭新的阶段。

177 ~로 끝나다

표현 以~而告终
예문 중동 전쟁이 터질 때마다 이스라엘의 승리로 끝났다고 역사는 증언한다.

번역 历史证明，每次中东战争都以以色列的胜利而告终。

178 A와 B 사이에 끼이다

표현 夹在A和B之中
예문 이른바 '샌드위치 효과'란 우리나라가 중국과 일본 틈바구니에 끼어 이중의 압박을 받는 현상을 말한다.

번역 所谓"三明治效应"是指，韩国夹在中国和日本之中，受到双重压力。

179 A를 B에게 나눠주다

표현 把A分发给B
예문 지진이 발생하자 구조요원들은 한정된 텐트를 가장 필요한 사람들에게 지급했다.

번역 地震后，救灾人员把有限的救灾帐篷分发给最需要的人。

180 ~ 선박을 나포하다

표현 拦截~船只
예문 일본정부가 순시함을 대거 투입해 중국 선박을 나포했기 때문에 중일 관계의 긴장이 점점 고조되었다.

번역 日本出动了大批巡视船，拦截了中方船只，使中日关系趋于紧张。

181 ~ 난국을 수습하다

표현 收拾~烂摊子
예문 금융위기의 난국을 수습하기 위해, 미국 정부는 재정적자를 GDP 대비 10%인 1조 4,000억 달러로 늘렸다.

번역 为了收拾金融危机的烂摊子，美国政府赤字猛增到1.4万亿美元，占GDP比例达到10%。

chapter 3 유용한 한중번역 표현 1000

182 A에게 B의 낭비를 초래하다

표현 给A造成B的浪费
예문 이런 행위는 국가와 기업에 막대한 자원과 자금의 낭비를 초래한다.

번역 这种行为给国家和企业造成大量资源和资金的浪费。

183 ~ 짐을 내려놓다

표현 卸掉~包袱，卸下~重负
예문 수능을 끝마친 수험생들은 드디어 무거운 심리적 부담을 털어냈다.

번역 高考结束了，学生们终于卸掉了沉重的心里包袱。

184 ~ 내리막길을 걷다, 쇠퇴하다

표현 走上下坡路
예문 높은 삶의 질을 추구하려는 욕구가 커지면서 라면 업계는 쇠퇴하고 있다.

번역 随着人们对生活质量要求的逐渐提高，方便面行业走上下坡路。

185 약에 대한 내성이 생기다

표현 使得~出现耐药性
예문 항생제를 남용하면 내성이 생기며 수퍼 바이러스의 출현을 초래할 수도 있다.

번역 滥用抗生素使其出现耐药性，并且导致超级病毒的出现。

186 ~의 내실을 다지다, 내용을 충실히 하다

표현 充实~内涵
예문 인터넷 교육의 강점을 충분히 활용하여 학교 문화의 내실을 기해야 한다.

번역 我们要发挥网络教育优势，充实校园文化的内涵。

187 (양국 관계 등) 냉각기에 접어들다

표현 ~的关系陷入低谷
예문 선박 충돌 사건 이후 중일 관계는 냉각기에 접어들었다.

번역 自从撞船事件以来，中日关系陷入低谷。

188 냉대 받다

표현 遭到冷遇
예문 일본 경제상은 식품안전 기준이 합리적인지를 언급했지만, 한국과 중국은 냉담하게 반응했다.

번역 日本经济大臣提及食品安全标准是否合理，但遭到韩中两国的冷遇。

189 냉정을 유지하다, 침착함을 유지하다

표현 保持~冷静克制
예문 정부는 북한 사태의 추이에 우려와 유감을 표명했다. 하지만 냉정과 자제를 유지하고 평화로운 방식으로 문제를 적절하게 해결해 나가야 한다.

번역 韩方对北韩事态发展表示忧虑和遗憾，但要保持冷静克制，以和平方式妥善解决有关问题。

190 A가 B에게 자리를 넘겨주다

표현 A让位于B
예문 핵심적인 역할을 수행할 수 있는, 또는 그러기를 원하는 국가가 없는 현 상황에서 기존의 단극(單極) 체제는 이미 실질적인 무극(無極) 체제에 자리를 넘겨준 상태이다.

번역 没有一个能够并愿意争取举足轻重地位的国家，所以单极状态已经让位于事实上的"零极"。

191 ~ 노선을 견지하다

표현 坚持~道路
예문 개혁개방 이후 중국은 일관되게 중국적 사회주의 노선을 견지했다.

번역 改革开放以来，中国始终坚持中国特色社会主义道路。

192 A를 B에서 녹여 없애다

표현 使A化解在B中
예문 우리는 갈등과 문제점을 일선현장에서 실행에 옮기는 과정에서 해결해 가야 한다.

번역 我们要使矛盾和问题化解在基层中、实践中。

193 ~에 대한 논란이 사그라들다

표현 有关~的争议渐渐平息
예문 <형법수정안>이 실시되면서 이 문제를 둘러싼 논쟁은 점점 사그라들었다.

번역 随着《刑法修正案》的实施，有关这一问题的争议渐渐平息。

194 ~을 함께 논의하다

표현 共商~的大计
예문 참가국들은 역내 경제 및 사회 발전을 위한 방안을 함께 논의했다.

번역 与会各国共商区域经济和社会发展的大计。

chapter 3 유용한 한중번역 표현 1000

195 ~ 논쟁을 불러일으키다

표현 引发~争议
예문 중국의 일본산 식품 수입 거부 방침이 여러 당사자들 간 논쟁을 불러일으켰다.

번역 中国拒绝进口日本食品引发了多方争议。

196 ~ 논점을 제시하다

표현 提出~论点
예문 논문을 작성할 때 텍스트의 도입부에는 핵심 논점을 제시하고 마지막 부분에는 이 논점을 종합하여 결론을 도출해야 한다.

번역 写议论文时，文章开头提出中心论点，文章结尾归纳出中心论点。

197 같은 논조를 되풀이하다

표현 重弹~老调
예문 미국은 중국이 화폐 시장에 광범위하게 지속 개입한다는 인식을 바탕으로 위안화 평가절상 논조를 되풀이하고 있다.

번역 美国重弹"人民币升值"的老调，认为中方持续深入地干涉货币市场。

198 A와 B를 함께 논하다, A와 B를 결부시키다

표현 把A与B相提并论
예문 포도주는 하나의 문화에 불과하므로 유행과 결부하여 논해서는 곤란하다.

번역 不要把葡萄酒与时尚相提并论，这只不过是一种文化而已。

199 눈물을 글썽이다, 눈물이 앞을 가리다

표현 热泪盈眶
예문 합격통지서를 받은 그는 기쁨에 겨워 눈물을 글썽였다.

번역 拿到录取通知书后，他激动得热泪盈眶。

200 ~의 눈앞에 펼쳐지다

표현 摆在~面前
예문 당장 눈앞에 적자 문제를 안고 있는 미국에 있어서, 진정 심각한 문제는 두 당이 적자를 심각하게 받아들이지 않는다는 점이다.

번역 美国的赤字问题摆在他们面前，真正的问题是两党都没有很认真地关注它。

201 ～을 눈감아주다

표현 对～睁一只眼闭一只眼
예문 부부 생활에서 서로 눈감아주기만 하면 많은 문제가 해결된다고 사람들은 말한다.

번역 有人说，在夫妻相处中，很多事情只要睁一只眼闭一只眼，就会化险为夷。

202 ～로 눈을 돌리다

표현 把眼光转向～
예문 땅이 좁고 가진 자원은 없는 우리나라는 눈을 해외 시장으로 돌릴 수밖에 없다.

번역 由于国土狭小、资源匮乏，韩国只能把眼光转向海外市场。

203 이익에 눈이 어두워

표현 在利益的驱使下
예문 법적 제재가 따르지 않는다면 식품업자들은 이익에 눈이 어두워 어떤 짓이라도 하려 들 것이다.

번역 如果没有法律制裁，食品生产者很容易在利益的驱使下铤而走险。

204 ～의 눈치를 보다

표현 看～的脸色
예문 한국은 대북 정책에서 항상 미국의 눈치를 살핀다는 인상이 강하게 든다.

번역 韩国很明显在对北韩政策上总看美国的脸色。

205 ～의 능력을 넘어서다

표현 超出～的能力，超出～力所能及的范围
예문 이 숙제는 어린이의 능력을 넘어서는 데다 정말 어떤 의미를 담고 있는지 모르겠다.

번역 这个作业已经超出孩子的能力，真不知道它有什么意义。

206 ～ 능력을 강화하다

표현 增强～能力
예문 우리는 평소에 상응하는 대책을 마련하여 대응력을 높여야 한다.

번역 平时，我们必须采取相应的对策，增强应对能力。

chapter 3　유용한 한중번역 표현 1000

207　~ 능력을 약화시키다

표현 削弱~能力
예문 심리학자들은 휴대전화와 아이패드 등과 같이 손에 들고 보는 전자책이 뇌의 기억력을 떨어뜨린다고 말한다.

번역 心理学家称，使用手机、平板电脑等手持设备阅读电子书，可能会削弱人脑的记忆能力。

208　~의 늪에 빠지다

표현 陷入~的泥沼，深陷~的泥淖
예문 그리스와 스페인은 심각한 경제위기의 늪에 빠졌다.

번역 希腊和西班牙深陷经济危机的泥沼。

209　~와는 조금 다르다

표현 与~有所不同
예문 홍콩과 중국 대륙의 소비 관련법은 조금 다르다.

번역 香港与内地消费法规有所不同。

210　~와 다른 점

표현 与~相异之处
예문 동성애와 이성애는 여러 가지 면에서 비슷한 점도 있고 다른 점도 많다.

번역 在许多方面，同性恋爱与异性恋有相似之处，也有许多相异之处。

211　~에 따라 다르다

표현 因~而异
예문 사람의 성격은 타고난 것이 아니며 사람에 따라 다르다.

번역 人的性格并不是与生俱来的，也因人而异。

212　~와 전혀 다르다

표현 与~截然不同，与~迥然不同，与~相差甚远
예문 고구려와 고려는 성격이 전혀 다른 정권이라는 것이 중국 학자들의 인식이다.

번역 中国学者主张，高句丽与高丽是两个性质截然不同的政权。

213　~ 수입선(線)을 다변화하다

표현 寻求~进口来源多样化
예문 우리는 곡물과 에너지 수입선의 다변화를 통해 여러 위험성을 해소해 나가야 한다.

번역 韩国应寻求粮食和能源进口来源多样化，以逐渐化解各种风险。

214 ~한 단계에 있다

표현 处于~阶段
예문 우리나라의 경우 신재생에너지 개발은 여전히 걸음마 단계에 머물러 있다.

번역 韩国新可再生能源仍处于起步阶段。

215 ~의 새로운 단계에 돌입하다

표현 进入~新阶段
예문 조만간 파력발전의 상용화가 새로운 단계에 돌입할 수 있을 것으로 보인다.

번역 在不远的将来，潮流能发电的商业化或将进入一个新的阶段。

216 ~한 단계에 들어가다

표현 迈上~台阶
예문 해외여행 열풍이 전국으로 확산되면서 여행 업계는 새로운 발전 단계를 맞고 있다.

번역 在全国范围内掀起出游热潮，推动旅游业迈上新台阶。

217 ~을 단념하다, ~에 대한 기대를 접다

표현 对~望而却步
예문 집을 살 수 없는 많은 남녀들은 결혼을 포기하고 있다.

번역 据调查，买不起房子正让不少男女对婚姻望而却步。

218 ~ 단서가 나타나다

표현 出现~端倪
예문 극도로 위급한 상황 하에서 상황을 반전시킬 단서가 나타날 수도 있다.

번역 在过于严峻的形势下，或许会出现转机的端倪。

219 ~에 대한 특별단속을 실시하다

표현 展开针对~的专项整治
예문 중국은 텐진 등 여러 도시에서 만두 시장에 대한 대대적인 지도감찰을 실시했다.

번역 天津等多个城市都展开了针对包子市场的专项整治。

220 ~를 단위로 하다, ~이 기본 단위이다

표현 以~为单位
예문 우리는 보통 달러를 주요 단위로 삼아 거시경제지표를 계산한다.

번역 一般来说，我们以美元为主要单位计算宏观经济指标。

chapter 3 유용한 한중번역 표현 1000

221 ~에게 달걀을 던지다

표현 向~投掷鸡蛋
예문 영국 중앙은행으로 달려간 시위대는 경찰을 향해 달걀과 과일 등을 던져대며 불만을 표출했다.

번역 示威人群冲击英国央行，向警方投掷鸡蛋、水果等物品，以表达不满情绪。

222 ~지역으로 달려가다

표현 开赴~地区
예문 정부는 가장 심각한 피해를 입은 지역에 구조대를 급파했다.

번역 韩国政府派遣一支救援队紧急开赴受灾最严重的地区。

223 ~의 안전을 담보하다(기하다)

표현 保证~的安全
예문 식품 생산업자는 법과 식품안전 기준을 준수하며 생산활동을 함으로써 국민의 식품안전에 만전을 기해야 한다.

번역 食品生产者应依照法律和食品安全标准从事生产活动，保证公众的食品安全。

224 ~ 때문에 대가를 치르다

표현 为~付出代价
예문 인류는 기후온난화로 인해 막대한 대가를 치러야 할 것이다.

번역 人类将为气候变暖付出难以估量的代价。

225 ~을 대대적으로 추진하다

표현 大力推动~
예문 최근 들어 정부가 부동산 안정화 정책을 강력히 추진하면서 사회 각층의 관심이 뜨겁다.

번역 目前，韩国政府大力推动房地产行业稳定发展，引起了社会各界人士的广泛关注。

226 ~와 격렬히 대립하다, ~와 양보 없는 한판 승부를 벌이다

표현 与~针锋相对
예문 EU는 중국과 격렬히 대립해서는 안 된다. 무역적자는 국제무역과 생산 구도의 대규모 조정에 따른 자연스러운 결과일 뿐이기 때문이다.

번역 欧盟不应与中国针锋相对，因为贸易逆差是全球贸易与生产格局大规模调整的自然结果而已。

227 ~의 이익을 대변하다

표현 代表~的利益
예문 G20 체제는 많은 개발도상국의 이익을 대변하는데 유용하다.

번역 二十国集团机制有利于代表广大发展中国家的利益。

228 ~ 대열에 합류하다, ~ 열풍에 동참하다

표현 加入~行列，列入~行列
예문 삶의 질이 올라가면서 금연 열풍에 동참하는 사람이 늘고 있다.

번역 随着生活质量逐渐提高，越来越多的人加入戒烟行列。

229 오직 A만이 B에 대적할 수 있다

표현 B只有A可比
예문 일본과 한국을 제외하면 중국의 빠른 고령화 수준을 따라갈 나라가 없다.

번역 中国人口老龄化的速度只有日本和韩国可比。

230 A와 B가 극명한 대조를 이루다

표현 A与B形成鲜明对比
예문 전쟁 당시의 잘못과 이에 대한 배상을 대하는 독일의 자세는 일본과 극명한 대조를 이룬다.

번역 德国对战争罪行和赔偿的态度与日本形成鲜明对比。

231 ~ 대책을 내놓다

표현 推出~措施，推出~对策
예문 솟구치는 집값을 제대로 잡기 위해 정부는 강력한 부동산 정책을 내놓았다.

번역 为了有效遏制高企的房价，韩国政府推出了强有力的房地产措施。

232 위기에 대처하다, 대응하다

표현 应对~危机
예문 에너지 부족과 기후 변화 등 위기에 대처하기 위해 각국은 많은 노력을 해야 한다.

번역 世界各国都需要就应对能源短缺、气候变化等危机做出大量努力。

233 ~ 대첩을 승리로 장식하다

표현 取得~大捷
예문 경기 후 주요 사이트는 '쑤저우 대첩 승리'라는 제목으로 한국이 아시안게임의 전초전을 승리로 장식했다는 칼럼을 쏟아냈다.

번역 比赛结束后，韩国主要网站发表题为《韩国取得苏州大捷》的评论文章称，赢得亚运前哨战。

chapter 3 유용한 한중번역 표현 1000

234 ~와 대치하다

표현 与~对峙
예문 시리아 반군은 수도 중심가에서 정부군과 대치 중이다.

번역 叙利亚反政府武装分子在首都市中心与政府军对峙。

235 (국민, 나라 등)을 대표하여

표현 我谨代表~
예문 저는 한국 국민을 대표하여 바쁘신 와중에 귀한 시간을 내어 이번 회의에 참석하신 모든 분들께 깊은 감사의 말씀을 올립니다.

번역 我谨代表全体韩国国民，向在百忙之中抽出宝贵的时间前来参加本次会议的各位代表表示诚挚的谢意。

236 ~을 도외시하다

표현 把~置之脑后
예문 지금 우리 사회는 명예를 도외시한 채 돈만 있으면 아부하고 입에 발린 말을 하는 사람이 많다.

번역 现在这个社会早已把名誉置之脑后，只要有钱，自然有人阿谀奉承说好话。

237 ~ 도움을 바라다(청하다)

표현 寻求~帮助
예문 유럽은 금융위기를 헤쳐나가기 위해 몸부림치고 있으며, 아시아 특히 중국의 도움을 간절히 바라고 있다.

번역 欧洲采取了各种措施应对金融危机，还寻求亚洲，特别是中国的帮助。

238 ~에게 도움의 손길을 보내다

표현 向~伸出援助之手
예문 많은 국민이 기부 등을 통해 일본의 이재민에게 따뜻한 도움의 손길을 보냈다.

번역 很多韩国人以捐款等形式向日本灾民伸出了温暖的援助之手。

239 ~한 도전에 직면하다

표현 面临~挑战
예문 인도는 경제성장 유지, 인플레이션 억제 등 많은 도전에 직면해 있다.

번역 印度面临着保持经济增长、控制通胀等诸多挑战。

240 이중의 도전에 직면하다, 두 가지 문제에 직면하다

표현 面临A与B双重挑战
예문 우리나라의 태양광발전 기업은 비용과 기술이라는 두 가지 문제에 직면해 있다.

번역 韩国光伏发电企业正面临着成本与技术双重挑战。

241 ~에게 도전장을 내밀다

표현 向~发出挑战, 向~叫板
예문 프랑스 정부의 부르카 금지령은 무슬림 사회에 대한 도전이다.

번역 法国政府的面纱禁令是在向穆斯林社会发出挑战。

242 독점적 지위를 이용하여 ~하다

표현 利用垄断地位~
예문 그들은 시장의 독점적, 지배적 지위를 이용해 가격을 높이고 폭리를 취하고 있다.

번역 他们利用市场垄断支配地位，抬高价格，牟取暴利。

243 ~한 과정에 돌입하다

표현 进入~过程
예문 현대에 이르러 선진국들은 장기간에 걸친 빠른 산업화 과정에 돌입했다.

번역 当代发达国家进入了长期快速工业化过程。

244 ~ 돌파구를 마련하다

표현 找到~突破口，获得~突破口
예문 중국은 미래 발전을 위한 돌파구를 어느 정도 마련한 상태이다.

번역 中国基本上找到了未来发展的突破口。

245 ~를 돌파구로 삼다

표현 把~当作突破口，以~为突破口
예문 그는 국민의 최대 관심사 및 국민과 직결된 현실 문제의 해결을 사회 빈곤해결을 위한 돌파구로 인식해야 한다고 강조했다.

번역 他强调，一定要把解决群众最关心最直接最现实的问题当作扶贫攻坚的突破口。

chapter 3 유용한 한중번역 표현 1000

246 A를 동원하여 B에게 홍보하다

표현 动用A对B进行宣传
예문 최근 정치인들은 최첨단 통신 과학기술인 아이폰 앱과 웹사이트를 이용해 청소년에게 홍보를 실시한다.

번역 目前，政客动用更前沿通讯科技iPhone应用和网站对青年人进行宣传。

247 ~동의(허가)를 얻다

표현 征得~同意, 经~同意, 得到~首肯
예문 이웃의 명확한 동의를 얻어야만 아파트에서 개를 키울 수 있다.

번역 必须征得邻居明确的同意，然后才能在公寓养狗。

248 A와 B를 동일시하다

표현 把A和B混为一谈
예문 구미 주식시장과 중국 주식시장의 폭락 원인을 동일시해서는 안 된다고 전문가들은 말한다.

번역 专家称，不要把欧美与中国股市暴跌原因混为一谈。

249 ~ 활동에 적극 동참하다

표현 积极参与~活动, 积极参与~行动
예문 수많은 청소년이 자원봉사 활동에 적극 참여한다.

번역 成千上万的青少年积极参与志愿活动。

250 두 마리 토끼를 잡다

표현 鱼和熊掌兼得, 一箭双雕
예문 세상 일이 뜻대로 될 수는 없다. 하나만을 선택할 수 있을 뿐, 두 마리 토끼를 잡을 수는 없다.

번역 世事不能尽如人意，你只可以选一个，鱼和熊掌是不能兼得的。

251 (경제성장률 등이) 둔화되다

표현 ~出现放缓
예문 인도의 경제성장률이 2분기부터 둔화하기 시작했다.

번역 印度经济增长率在第二季度开始出现放缓。

252 (이익 등을) 뒤로 하다

표현 把~放在后面
예문 이익보다는 사회를 먼저 생각하는 오늘날의 기업가들은 크게 존경받고 있다.

번역 今天，企业家已经要把利益放在后面，把社会放在前面就会受到尊重。

253 (결코) ~에 뒤쳐지지 않다

표현 (绝)不亚于~，不逊于~，不弱于~
예문 표준화된 재래시장은 결코 대형마트에 뒤쳐지지 않는다. 내부 환경, 상품의 위생과 품질, 현장에서의 식품가공 등 모든 면에서 경쟁력을 갖추고 있다.

번역 标准化菜市场绝不亚于大型超市，在场内环境、商品卫生质量、现场食品加工方面颇具优势。

254 ~에게 뒤처지다

표현 被~甩在后面，被~甩在身后，落在~的后面
예문 중국 자동차 산업은 거대한 시장을 갖추고도 한국에 크게 뒤처진 상태이다.

번역 中国汽车工业在拥有巨大市场的情况下被韩国远远甩在了后面。

255 A의 등급을 B로 하향조정하다

표현 将A等级下调为B，把A等级下调到B
예문 S&P는 그리스의 국가신용등급을 A-에서 BBB+로 하향조정했다.

번역 标准普尔将希腊主权信用等级由A-下调为BBB+。

256 ~ 딜레마에 빠지다

표현 陷入~两难境地
예문 현재 기후변화 어젠다는 중국 입장에서 동참할 수도 없고 동참하지 않을 수도 없는 딜레마이다.

번역 对目前来说，气候变化议题已经使中国陷入两难境地，跟也不是，不跟也不是。

257 ~의 따귀를 때리다

표현 猛打~耳光，打~巴掌
예문 학생의 따귀를 수십 대 때려 상처를 입힌 교사가 나중에 "무척 후회하고 있다."라고 말했다.

번역 一位高中老师猛打了学生几十个耳光打伤了他。该老师事后表示"很后悔"。

chapter 3 유용한 한중번역 표현 1000

258 ~마저도 따라가지 못하다

표현 连~也赶不上
예문 한국은 영원히 미국을 뛰어넘지 못하고 일본마저도 따라가지 못할 것이라고 말하는 사람이 있다.

번역 有人说，韩国永远赶不上美国，连日本也赶不上。

259 ~한 길(방향)을 따라서 나아가다

표현 沿着~的道路走下去
예문 미중 관계를 대화와 협력의 방향으로 발전시키다.

번역 推动中美关系沿着对话合作的道路走下去。

260 어떠한 A라도 B를 따라올 수 없다

표현 没有任何一个 A 比得上 B
예문 먹는 문제에 관한 한, 중국을 따라올 나라는 없을 것이다.

번역 要说到吃，世界上可能没有任何一个国家比得上中国。

261 ~할 때

표현 在~之际，当~的时候
예문 쓰촨대지진4주년을 맞이하여 중국 지도부는 재건사업 관련 지시를 내렸다.

번역 在汶川特大地震4周年到来之际，各位中央领导人对灾后重建工作作出指示。

262 A를 말하면 B가 떠오르다(연상되다)

표현 一说到A，想起B
예문 나는 일본하면 교토의 '카레산스이', 즉 '산과 물이 없는 정원'이 떠오른다.

번역 一说到日本，我就想起京都的"枯山水"，即"没有山水的庭院"。

263 A에서 B만큼 떨어진

표현 距A有B公里
예문 서울에서 120km 떨어진 신행정도시 세종시가 오늘 출범한다.

번역 韩国新行政首都世宗市距首尔有大约120公里，从今日启用。

264 A와 B는 뗄래야 뗄 수 없다

표현 A与B密不可分，A与B息息相关
예문 언어와 문화는 불가분의 관계에 있다. 언어의 모든 면에 문화요소가 포함되어 있기 때문이다.

번역 语言与文化密不可分，因为语言的每一个层面都包含文化因素。

265 ~의 뜻을 지니다

표현 有~之意
예문 부유층에게서 세금을 더 거두는 것은 서민들과 고통을 함께 나눈다는 의미를 가진다.

번역 向富人增税颇有与平民同甘共苦之意。

266 ~에게 러브콜을 보내다, ~에게 유화적인 메시지를 보내다

표현 对~伸出橄榄枝
예문 오바마 대통령은 이슬람 세계에 유화적인 메시지를 보냈지만 상징적 의미에 그칠 공산이 크다.

번역 奥巴马对伊斯兰世界伸出的橄榄枝，恐怕只能是象征性的。

267 ~ 로드맵을 만들다

표현 绘制~路线图，勾画~路线图
예문 정부는 신에너지산업 성장 계획을 확정했다.

번역 韩国政府绘制出了新能源产业发展路线图。

268 ~ 리스크(문제점)를 해소하다

표현 化解~风险
예문 양측은 대화를 통해 상호 이해를 확대할 수 있으며, 이는 양국 관계가 직면할 수 있는 문제점을 해소해 나가는데 기여할 것이다.

번역 双方通过对话，可加深相互了解，有助于化解两国关系在今后一段时期面临的潜在风险。

269 ~ 리스크(위험성)를 높이다

표현 提高~风险
예문 지나치게 빨리 먹거나 너무 짜게 먹는 습관은 암 발병 위험성을 높인다.

번역 吃得过快，吃得太咸，这种饮食习惯提高患癌症的风险。

270 ~ 리스크를 피하다

표현 抵御~风险，规避~风险
예문 주식시장에는 불확실성이 큰 편이다. 이를 해결하려면 우수 기업을 엄선하여 시장의 리스크를 피해야 한다.

번역 股市确实存在较大的不确定性，解决之道是精选优秀企业，抵御市场风险。

chapter 3 유용한 한중번역 표현 1000

271 마음의 준비를 하다

표현 对~做好心理准备
예문 유학생은 문화충격에 대비하여 미리 마음의 준비를 해 두어야 한다.

번역 留学生应提前对文化冲击做好心理准备。

272 마음의 준비가 안 되어 있다

표현 对~缺乏心理武装
예문 빈 라덴은 죽었지만 전 세계는 아직 '포스트 빈 라덴 시대'에 대한 마음의 준비가 덜 된 상태이다.

번역 虽然本拉登已经死了，但面对"后拉登时代"，整个世界都缺乏必要的心理武装。

273 ~의 마음을 사로잡다

표현 留住~心
예문 중요한 것은 소비자의 마음을 사로잡아 지갑을 열게 하는 것이다.

번역 关键在于留住消费者的心，让他们打开钱包。

274 ~ 마취제를 투여하다

표현 注入~ 麻药
예문 지방흡입할 부위가 많을수록 체내에 주입하는 마취제 양도 많아지므로 상처도 커지게 된다.

번역 抽脂的部位越多，注入体内的麻药量越大，创伤也就越大。

275 ~에 마침표를 찍다, ~을 끝내다

표현 给~画上句号
예문 정치적, 경제적 목적 때문에 나토는 아프간 전쟁을 서둘러 끝내려고 한다.

번역 有分析认为，出于政治及经济目的的考虑，北约国家急于给阿富汗战争画上句号。

276 막이 내리다, 끝나다

표현 降下~帷幕，落下~帷幕
예문 매년 열리는 교내 운동회가 오늘 막을 내렸다.

번역 一年一度的校运动会今天降下帷幕。

277 막이 오르다, 시작하다

표현 拉开~帷幕
예문 제5회 한중 모범청소년 상호방문 행사가 서울에서 막이 올랐다.

번역 第五届韩中模范青少年互访活动在首尔拉开帷幕。

278 ~와 만남을 회피하다

표현 避讳与~见面
예문 그는 나와 만나는 것을 극도로 꺼려왔다.

번역 他一直都尽量避讳着跟我见面。

279 ~만에

표현 时隔~后，时隔~来
예문 같은 장소에서 1년 만에 또 다시 지진이 발생했다.

번역 同一个地方时隔一年后，又发生地震了。

280 A의 망령이 B 위를 떠돌다

표현 A的幽灵在B上空游荡
예문 인플레이션의 '망령'이 지금 주택시장 상공을 떠돌고 있다.

번역 目前，通货膨胀的"幽灵"正在楼市上空游荡。

281 ~ 주식을 매각하다

표현 抛售~股票
예문 큰 자금 손실을 피하기 위해 가지고 있는 주식을 매각해야 한다.

번역 为了避免资金发生较大的损失，必须抛售手中的股票。

282 A 라며 B를 맹비난하다

표현 强烈批评 B，说 A
예문 빌 클린턴 전 대통령은'막대한 예산 낭비'라며 MD시스템을 강력 비난했다.

번역 美国前总统克林顿强烈批评反导弹计划，称其"浪费巨额金钱"。

283 낮은 수준에 머물러있다

표현 低位徘徊
예문 우리나라는 쌀을 제외한 곡물 자급률이 매우 낮은 수준에 머물러있다.

번역 除了大米外，韩国主要谷物的自给率一直低位徘徊。

284 ~에 머물다

표현 停留在~上
예문 관심사를 경제성장률에만 두지 말고 분배문제를 중요시해야 한다.

번역 我们的目光不能只停留在经济增长率上，而要重视分配问题。

chapter 3 유용한 한중번역 표현 1000

285 ~에 먹구름을 드리우다, ~의 상황을 악화시키다

표현 给~蒙上阴影
예문 거주지역을 다시 구축하기로 한 이스라엘의 결정이 팔레스타인과의 평화협상 전망에 먹구름을 드리우고 있다.

번역 以色列拟定再建定居点，给巴以和谈前景再次蒙上阴影。

286 ~와 멀리 떨어지다

표현 与~相隔万里
예문 지금 이 순간 이국타향에 머물고 있지만, 고국에서 멀리 떨어져 있다는 느낌은 들지 않는다.

번역 在这个时候，我没有身在异国他乡与祖国相隔万里的感觉。

287 ~에 메스(철퇴)를 가하다, 대수술을 하다, 개혁하다

표현 对~动刀
예문 정부는 독점 업계의 고액연봉 관행에 대해 앞장서서 메스를 가하기로 했다.

번역 韩国政府将率先对垄断行业高薪动刀。

288 멸종 위기에 처하다

표현 濒临灭绝
예문 현재 지구상에 서식하는 종 가운데 1/3 이상이 멸종 위기에 처해있다.

번역 目前，全球三分之一以上的物种濒临灭绝。

289 ~ 명령을 내리다, ~에게 지시하다

표현 下达~命令
예문 부하직원에게 지시할 때 구체적인 내용을 담은 명령이 없으면 직원은 혼란에 빠지며 작업 결과도 편차가 클 수밖에 없다.

번역 如何对下属下达命令？没有具体内容的命令，使部下无所适从，必然导致作业结果出现偏差。

290 A를 B라고 명명하다

표현 把A命名为B
예문 아키노 필리핀 대통령은 필리핀 서쪽의 남중국해를 '서(西)필리핀해'로 공식 명명했다.

번역 菲律宾总统阿基诺正式把该国西侧的南中国海海域命名为"西菲律宾海"。

291　A보다 몇 (B) 배나 더 높다

표현 比A高出B倍
예문 토종 브랜드의 시장점유율이 외국자본 브랜드보다 두 배나 더 높은 75%에 달한다.

번역 本土品牌的市场份额高达75%，比外资品牌高出两倍。

292　~한 모델을 흔들다

표현 动摇~模式
예문 고령화는 전통적인 가족 모델을 직접적으로 뒤흔들고 있다.

번역 人口老龄化直接动摇韩国传统的家庭模式。

293　~ 모델을 창조(창출)해 내다

표현 创造出~模式
예문 비전 있는 새로운 업무 개발을 통한 새로운 수익모델 창출은 고객유치와 경쟁승리를 위한 각 호텔의 핵심 과제이다.

번역 开发有亮点的新业务，创造出新的盈利模式，已成为酒店吸引客户、竞争制胜的关键所在。

294　~ 주의의 모습

표현 ~主义的体现
예문 최근의 취업 전 성형열풍은 이른바 외모지상주의 또는 경쟁지상주의를 잘 보여준다.

번역 韩国正掀起就业整容热，这无疑是所谓"外貌至上主义"或"竞争至上主义"的体现。

295　~한 모양을 하다, ~한 모습을 띠다

표현 呈~(形)状
예문 지도를 펼쳐보면 우리나라는 호랑이의 모습을 하고 있다.

번역 韩国在地图上呈一只老虎的形状。

296　~ 요구하는 목소리가 높아지다

표현 要求~的呼声高涨
예문 위안화 평가 절상을 요구하는 미국의 목소리가 더욱 높아지고 있다.

번역 美国要求人民币升值的呼声日益高涨。

chapter 3　유용한 한중번역 표현 1000

297　~ 목소리를 높이다, ~ 목청을 높이다

표현　提高~调门(儿)
예문　그는 "이는 정부가 경제살리기의 의지가 없다는 것을 보여준다."라며 목청을 높였다.
번역　他提高了调门儿说，"这明确表明，政府根本还没有拯救经济的诚意"。

298　목숨을 구하다(살리다)

표현　挽救~的生命
예문　과학과 의학의 발전이 수많은 사람의 목숨을 구했다.
번역　科学医学的发展挽救了无数人的生命。

299　~의 목숨을 앗아가다

표현　夺走~生命
예문　우발적인 사건이 세 아이의 꽃 같은 목숨을 앗아갔다.
번역　一次意外事故夺走了三个孩子的如花生命。

300　~한 목적 때문에

표현　出于~目的
예문　절약을 위해 내구성이 좋은 물건을 선택하는 사람이 많다.
번역　出于节俭的目的，很多人选择结实耐用的商品。

301　~ 목표를 실현하다

표현　实现~目标
예문　정부는 1인당 국민소득 3만 달러 달성을 조기에 실현하겠다는 목표를 제시했다.
번역　韩国政府提出，要尽快实现人均国民所得突破3万美元的目标。

302　~ 목표를 낮추다

표현　调低~目标
예문　정부는 2013년 경제성장 목표와 물가, 경상수지 등 거시지표를 대거 낮췄다.
번역　韩国大幅调低了2013年经济增长目标、物价、经常收支等宏观经济指标。

303　(산업, 분야 등) ~로 몰려오다

표현　蜂拥向~，向~蜂拥而来
예문　중국의 바이어들이 프랑스의 와인산업으로 몰려들고 있다.
번역　在法国，中国买家蜂拥向红酒产业。

304　A를 B로 몰아넣다

표현 把A逼入B
예문 삼성, 소니 등 IT 기업이 노키아 등 전통의 강호를 사지로 몰아넣고 있다.

번역 三星、索尼等IT企业正把诺基亚等传统巨头逼入绝境。

305　(~ 인질의) 몸값을 받다

표현 获得~赎金
예문 거액의 몸값을 받은 소말리아 해적은 군수선을 풀어주었다.

번역 索马里海盗获得高额赎金后释放军火船。

306　~와 무관하지 않다

표현 与~没有什么关系，与~不无关系
예문 천재와 인재는 언뜻 보면 아무 상관 없어 보이지만, 깊이 들여다보면 그렇지 않다. 천재와 인재는 서로 무관하지 않으며 밀접한 관계가 있다.

번역 天灾与人祸表面看来似乎没有什么关系，深一层探究，其实不然，天灾与人祸息息相关，不无关系。

307　~을 무릅쓰고

표현 置~于不顾
예문 많은 군인과 경찰이 위험을 무릅쓰고 위험에 처한 국민을 구해내 호평을 받았다.

번역 不少军人和警察置危险于不顾，全力抢救受难群众，赢得喝彩。

308　~에게 무시 당하다

표현 遭到~白眼
예문 가난한 사람은 부자들에게 무시 당한다. 왜 절약하는 것마저 그들에게는 궁상으로 비쳐진단 말인가?

번역 穷人会遭到富人的白眼，为什么连节约也会被看做是穷酸？

309　~의 무장세력과 접촉하다

표현 接触~武装
예문 이번 협의에서는 그가 이끄는 무장세력과 접촉했는지 여부를 언급하지 않았다고 AP 통신이 보도했다.

번역 美联社报道称，此次协议没有提及是否接触他领导的武装。

chapter 3 유용한 한중번역 표현 1000

310 ~에게 무죄를 선고하다

표현 宣判~无罪
예문 재일교포 이종수 간첩사건에 대한 재심을 맡은 서울 고등법원은 15일 무죄를 선고했다.

번역 首尔高等法院15日对在日韩国人李宗树间谍案进行了重审，并当庭宣判其无罪。

311 A에게 B의 문을 활짝 열다

표현 为A打开一扇B之窗
예문 민간기업의 채용 주간이 다음 주에 시작되면서 구직 청년에 대한 문호가 활짝 열렸다.

번역 民间企业招聘周下周启动，为待业青年打开一扇就业之窗。

312 ~한 문명을 창조하다

표현 耕耘~文明
예문 우리 민족은 지난 5천 년 동안 근면, 헌신의 정신으로 찬란한 문화를 꽃피웠다.

번역 上下五千年，我们民族靠着勤劳奉献的精神耕耘出灿烂的文明。

313 ~를 문서화하다

표현 把A写在纸面上
예문 <교토의정서>는 자국의 온실가스 배출 감소 목표를 문서화하여 실천할 것을 회원국에 요구하고 있다.

번역 《京都议定书》要求各国把本国减排目标写在纸面上，并付诸实施。

314 문전박대 당하다, ~ 계획이 무산되다

표현 吃闭门羹
예문 댜오위다오 영유권 분쟁으로 인해 중국은 일본에 강경하게 나섰고, 일본 총리의 방중 계획은 또 다시 무산되었다.

번역 受到"岛屿之争"的影响，中国对日本态度强硬，日本首相访华再次吃闭门羹。

315 ~은 문젯거리가 되지 않는다

표현 ~不是个问题
예문 직접 공장을 매입하여 경영하고 있는 그들에게 돈은 결코 문제가 되지 않는다.

번역 他们自己买下一个工厂来经营，钱不是问题。

316 ~ 문제를 조속히 해결하다

표현 争取~事件早日得以平息
예문 후쿠시마 원전 방사능물질 누출로 인한 문제를 조속히 해결하기 위해 일본정부는 국제사회의 도움을 요청해야 한다고 전문가들은 조언한다.

번역 专家们建议，为了争取有关福岛核辐射泄漏问题早日得以平息，日本应向国际社会请求援助。

317 문제점이 더욱 크게 불거지다

표현 ~的矛盾突出
예문 최근 유리제품 업계가 '중구난방'으로 난립하면서 생산성 과다, 공급 과잉 문제가 점점 크게 불거지고 있다.

번역 当前，玻璃行业无序发展，产能过剩、供大于求的矛盾日益突出。

318 ~한 문제점을 안고 있다

표현 存在~的隐患
예문 전체적으로 볼 때, 중국의 공업은 중복 건설, 생산성 과다라는 문제점을 안고 있다.

번역 从全局看，中国工业存在重复建设、产能过剩的隐患。

319 모두 ~가 일으킨 문제다, ~가 말썽이다

표현 都是~惹的祸
예문 독도 분쟁, 댜오위다오 분쟁 모두 일본이 초래한 문제임에도 그들은 전혀 반성할 기미를 보이지 않고 있다.

번역 独岛之争、钓鱼岛之争都是日本惹的祸，但他们"明知错而不改之"。

320 ~ 문제를 적절히 처리하다

표현 妥善解决~问题
예문 중국은 앞으로도 평화적인 협상에 주력하고 대화와 협상을 통해 이란 핵 문제를 원만하게 해결하도록 노력해 나갈 것이다.

번역 中方将继续致力于劝和促谈，推动通过对话与谈判妥善解决伊朗核问题。

321 A에 B의 문제점을 남기다

표현 给A留下B隐患
예문 기존의 검역 면제 제도는 식품 안전 관리에 큰 문제점을 남겼다.

번역 现行免检制度给食品安全监管留下了不少隐患。

chapter 3 유용한 한중번역 표현 1000

322 ~에 대한 문책이 이뤄지지 않다

표현 对~的问责没有到位
예문 최근 식품안전사건을 일으킨 관련 기업에 대한 강력한 법의 철퇴가 내려졌지만, 직무유기와 독직에 대한 법의 문책은 제대로 이뤄지지 않았다.

번역 近年来，食品安全事件对相关企业的司法追责做到了雷厉风行，但对失职、渎职的监管者的司法问责远没有到位。

323 ~의 문턱에 들어서다, ~의 반열에 올랐다

표현 迈进~门槛，跨进~门槛
예문 베이징은 이미 국제 도시의 반열에 올랐다.

번역 北京现在已经迈进世界城市门槛。

324 ~ 문화재를 환수하다

표현 索回~文物
예문 한국은 일본에 약탈당한 문화재 환수를 위해 공조할 것을 북측에 제안했다.

번역 韩国建议北韩与其共同索回被日本掠走的文物。

325 2선으로 물러나다

표현 退居二线
예문 일부 간부는 2선으로 물러난 뒤에도 마음가짐을 제대로 하지 않아 많은 문제에 휘말렸다.

번역 一些领导干部退居二线后不能及时调整心态，出现多种不良现象。

326 ~을 위해 미력(작은 힘)이나마 보태다

표현 为~助一臂之力
예문 급부상하는 신흥국가인 중국은 세계의 번영을 위해 미력이나마 역할을 다하기를 희망한다.

번역 作为迅速崛起的新兴国家，中国愿为世界繁荣助一臂之力。

327 ~ 미신에 빠지다

표현 沉迷~迷信
예문 요즘 서양의 미신에 푹 빠져 있는 초등학생들이 많은데, 이들에 대한 관심이 필요하다.

번역 目前，小学生沉迷"洋"迷信，成了一个不得不关注的问题。

328 A를 B로 미화하다

표현 把A美化为B
예문 일부 우익세력은 일본의 식민통치를 '한국 발전에 기여했다.'라며 미화한다.

번역 一些右翼人士把日本的殖民统治美化为"为韩国的发展做出贡献"。

329 ~라고 믿을 충분한 이유가 있다

표현 有理由相信~
예문 우리는 이번 보아오 포럼이 더욱 중요한 역할을 수행할 것이라고 믿을 충분한 이유가 있다.

번역 我们有足够的理由相信，此次博鳌论坛会扮演更重要的角色。

330 A에서 B로 전환하다

표현 从A向B转变，从A转向B
예문 규제 위주의 출입국심사는 앞으로 지원 위주로 바뀌어야 한다.

번역 边防检查的理念应从以管控为主向以服务为主转变。

331 ~ 바닥까지 떨어지다

표현 跌至~低谷
예문 23일부터 전국의 기온이 크게 내려가고 어제는 낮 최고기온이 최근 들어 가장 낮게 떨어졌다.

번역 自23日起，全国气温持续偏低，昨天日最高气温跌至近期最低谷。

332 ~한 바람이 불다

표현 刮起~风
예문 전국적으로 하이브리드카의 가격 상승 바람이 거세게 불고 있다.

번역 混合动力车在全球范围内刮起涨价风。

333 ~의 박수갈채를 받다

표현 博得~喝彩，赢得~掌声
예문 그들은 훌륭한 연기를 계속 선보이면서 관광객들의 열화와 같은 박수갈채를 받았다.

번역 他们展开了一幕幕精彩的表演，博得游客们阵阵喝彩。

chapter 3 유용한 한중번역 표현 1000

334　~에 박차를 가하다

표현 加快~步伐
예문 스티브 잡스 사후 애플사는 혁신에 박차를 가하고 있다.
번역 乔布斯去世后，苹果公司正加快创新步伐。

335　~ 반대에 부딪히다

표현 遭到~反对
예문 전문가들은 고소득층과 대기업에게 세금을 많이 거둬야한다고 제안했지만, 정부와 재계는 한목소리로 반대하고 있다.
번역 专家们建议，要向百万富翁和大企业增税，但遭到政府和经济界普遍反对。

336　~를 반면교사(反面教师)로 삼다

표현 以~为前车之鉴
예문 중국은 일본을 반면교사로 삼아 안정적으로 위안화 환율을 관리해야 할 것이라고 그는 말한다.
번역 他表示，中国要以日本为前车之鉴，保持人民币汇率稳定。

337　~의 반발을 부르다, ~의 반항심을 초래하다

표현 引起~的抵触情绪
예문 소통이 사라지면 아이들은 부모에게 쉽게 반발한다.
번역 缺乏沟通容易引起孩子对家长的抵触情绪。

338　~에 반영되다

표현 反映到~上
예문 일본의 지진과 이로 인해 발생할 악영향은 아직 경제성장률 전망치에 반영되지 않았다.
번역 日本大地震及其可能带来的负面影响尚未反映到经济增速预期上。

339　~의 반응을 보이다

표현 做出~反应
예문 이란은 미국과 일본의 제재에 맞서 신속한 반응을 보였다.
번역 面对美国和日本的制裁，伊朗迅速做出反应。

340　~ 추세를 반전시키다

표현 扭转~趋势
예문 중요한 호재가 없으면, 시장의 폭락 장세는 뒤집기 어렵다.
번역 如果没有重大利好消息，市场很难扭转大跌趋势。

341 ~의 큰 반향을 불러일으키다

표현 激起~的强烈反应
예문 프랑스의 부르카 금지령은 이슬람 세계에 큰 반향을 불러일으켰다.

번역 法国的面纱禁令激起了伊斯兰世界的强烈反应。

342 ~을 위한 발걸음을 내딛다

표현 为~迈出一步，向着~迈出一步
예문 미중 양측은 심도 있는 전략적 상호신뢰 구축을 위해 중요한 발걸음을 내딛었다.

번역 中美双方为建立深度战略互信迈出了重要一步。

343 ~ 때문에 발걸음을 멈추다

표현 因~止步不前
예문 평화통일 프로세스는 갈등이 좀 있다고 해서 멈춰서는 안 될 것이다.

번역 和平统一进程不能因一些矛盾而止步不前。

344 ~에 대한 발언권을 높이다

표현 提高对~的话语权
예문 다른 개발도상국과 협력을 통해 국제 에너지 가격에 관한 발언권을 높여야 한다.

번역 我们要与其他发展中国家展开合作，提高对国际能源价格的话语权。

345 ~한 발전을 이루다

표현 得到~发展
예문 2000년대 들어 하이브리드카는 급속한 발전을 거듭하고 있다.

번역 新世纪以来，混合动力汽车得到了飞速发展。

346 ~의 발판을 마련하다

표현 为~铺平道路
예문 3개월 연속 계속된 달러 약세로, 금값 반등의 발판이 마련되었다.

번역 美元汇率连续第3个月持续走弱，为金价反弹铺平了道路。

347 ~을 발판으로 삼아

표현 以~为跳板
예문 국제 핫머니는 홍콩을 발판으로 삼아 무서운 기세로 중국 내륙으로 진출하고 있다.

번역 国际热钱将以香港为跳板，疯狂地涌入内地。

111

chapter 3 유용한 한중번역 표현 1000

348 ~의 역량을 발휘하다

표현 发挥在A的作用
예문 그는 중국 사회주의 문화 발전을 위해 인터넷이 큰 역할을 발휘할 수 있도록 노력해야 할 것이라고 말했다.
번역 他强调，要充分发挥因特网在中国社会主义文化建设中的重要作用。

349 ~ 방법을 거울삼아

표현 借鉴~做法
예문 미국이 과학기술 혁신을 위해 실행한 방법을 거울삼아 개혁에 박차를 가해야 한다.
번역 我们应借鉴美国在科技创新方面所实行的做法，加快推进改革步伐。

350 ~의 방식을 따르다

표현 跟随~的脚步
예문 각 업체는 애플사의 방식을 따라 자사의 태블릿 PC를 출시했다.
번역 各大厂商纷纷跟随苹果的脚步，推出了自己的平板电脑。

351 (나쁜 상황을) 방치하다

표현 任其发展
예문 만약 사태를 방치한다면 중국 산업의 건전한 발전을 저해할 것이다.
번역 如果任其发展，这将不利于中国工业的健康发展。

352 정확한 방향을 잡다

표현 牢牢把握~的正确方向
예문 그는 기고문에서 올바른 인터넷 문화 정립을 위해서는 방향을 제대로 잡는 것이 중요하다고 강조했다.
번역 他撰文强调说，要牢牢把握网络文化建设的正确方向。

353 ~한 방향으로 발전하다

표현 朝(着)~方向发展, 向(着)~方向发展
예문 북한의 이번 도발은 양자회담을 자신에게 유리한 방향으로 끌고 가기 위한 목적이다.
번역 北韩此次发动挑衅，其目的在于把双边会谈朝着有利于自己的方向发展。

354　~의 방향을 제시하다

표현 为~指明方向
예문 그가 연설에서 강조한 점은 과학발전을 통해 우리의 미래의 발전 방향을 제시한 것이다.

번역 他的讲话强调推动科学发展，为韩国的未来发展指明了方向。

355　~의 방향을 모색하다

표현 探索~方向
예문 생존과 지속발전을 위해 모든 기업은 브랜드의 발전 방향을 모색하고 있다.

번역 为了生存和持续发展，每家企业都探索品牌的发展方向。

356　~ 방향을 잃다

표현 失去~方向
예문 정부의 강력한 리더십이 없다면, 기업혁신은 방향을 잃고 표류하고 말 것이다.

번역 没有政府强有力的领导，企业转型就会失去发展方向。

357　A를 B 방향으로 확대하다

표현 把A朝(着)B方向延伸
예문 백두산 정상에 오른 우리는 서울 방향으로 눈길을 돌렸다.

번역 爬到白头山的山顶后，我们把目光朝着首尔方向延伸。

358　~한 배경(상황) 하에서

표현 在~的(大)背景下
예문 경제 글로벌화가 확대되는 오늘날 우리나라는 많은 기회와 도전에 직면해 있다.

번역 在经济全球化大背景下，韩国经济的发展面临许多机遇与挑战。

359　~에게 배상하다

표현 向~进行赔偿
예문 방사능 누출 사고 피해 주민에 대한 배상을 위해 도쿄전력은 많은 자회사를 매각하기로 했다.

번역 为了向受核泄漏事故灾民进行赔偿，东京电力公司表示要出售众多子公司。

chapter 3 유용한 한중번역 표현 1000

360 A를 B에서 배제하다

표현 把A排除在B之外，把A排斥在外
예문 북극 주변의 5개국은 비(非) 북극 국가들을 배제한 채 북극 자원을 독점하고 있다.

번역 北极五国要把非北极国家排斥在外，独享北极资源。

361 ~ 배출량을 줄이다

표현 减少~排放量，减排~
예문 중국은 이산화탄소 배출량을 크게 줄여 5년 안에 17%를 감축할 계획이다.

번역 中国政府计划，将大幅减少二氧化碳排放量，5年内减少17%。

362 A를 B에 배치하다

표현 把A部署在B
예문 미국은 북극에 가까운 알래스카에 MD 시스템을 구축했다.

번역 美国将其反导系统部署在靠近北极的阿拉斯加。

363 오늘날까지 버텨 오다

표현 撑到今天
예문 미국의 대테러전쟁이 오늘날까지 이어져 온 것은, 빈 라덴이 하나의 상징적인 요인이라고 할 수 있다.

번역 美国的反恐战争之所以撑到今天，本拉丹算得上是一个标志性因素。

364 오늘날의 번영을 이뤄내다

표현 铸就今天的繁荣
예문 전쟁 후의 폐허 속에서 일어나 오늘날의 번영을 이뤄냈다.

번역 从战后的一片废墟中站起来，铸就了今天的繁荣。

365 범죄가 성립하다

표현 构成犯罪
예문 금액의 크기에 관계 없이 가짜를 만들거나 판매했다면 죄가 성립한다.

번역 无论金额大小，只要有制假或售假行为就构成犯罪。

366 A를 B의 범주에 포함하다

표현 把A纳入到B之中
예문 중국은 외국기업 유치와 외자 도입을 더 이상 지자체의 실적에 포함시키지 않기로 했다.
번역 中国政府决定，不再把招商引资纳入到地方政府业绩之中。

367 ~ 범주에 포함되다

표현 被列入~行列
예문 비만은 벌써부터 질병의 범주에 포함되어 있다.
번역 肥胖早已被列入疾病的行列。

368 ~ 법을 제정하다

표현 建立~法律法规
예문 정부는 트랜스젠더의 권익을 보호하는 법을 제정할 예정이다.
번역 韩国政府将建立保障变性人权益的法律法规。

369 ~ 법안을 제출하다

표현 提交~法案
예문 고용 법안을 국회에 제출한 오바마 대통령은 "더 이상 정치적 유희를 중단해 달라."라고 촉구했다.
번역 奥巴马向国会正式提交就业法案，并敦促"不要再搞政治游戏"。

370 ~를 법정에 세우다

표현 把~推上法庭
예문 사담 후세인 이라크 전 대통령은 이라크 임시 법정에 출두했다.
번역 伊拉克前总统萨达姆被推上伊拉克临时法庭。

371 ~에 법정관리를 신청하다

표현 向~申请法庭管理
예문 그저께 파산을 선언한 대우자동차는 인천지법에 법정관리를 정식 신청했다.
번역 前天宣告破产的大宇汽车公司向仁川地方法院正式申请了法庭管理。

372 ~ 베일을 벗다

표현 揭开~面纱
예문 애플사의 신제품이 드디어 신비의 베일을 벗었다.
번역 苹果公司终于揭开了新款产品的神秘面纱。

chapter 3 유용한 한중번역 표현 1000

373 ~를 벼랑으로 내몰다

표현 把~逼到悬崖边上
예문 한·미·일 3국은 북한의 도발에 최후통첩을 보냈으며, 이는 결과적으로 중국을 벼랑으로 내몬 형국이 되었다.
번역 面对北韩的挑衅，韩美日共同作出最后通牒，把中国逼到悬崖边上。

374 변함없는 (지지, 성원, 지원)

표현 一如既往地~
예문 그들이 변함없이 우리를 적극 지원해주고 관련 업무를 더 잘 해낼 수 있도록 지도, 지원하기를 희망한다.
번역 我们希望他们一如既往地给予大力支持，指导和帮助我们把相关工作做得更好。

375 ~의 변혁을 추진하다

표현 推动~变革
예문 에너지 생산과 이용 방식의 변혁을 거침없이 추진해야 한다.
번역 今后，我们必须全面推动能源生产和利用方式的变革。

376 A에게 B의 변화를 가져오다

표현 给A带来B的变化
예문 스마트폰은 우리의 삶을 크게 바꾸었고 긍정적인 변화를 주었다.
번역 智能手机已深刻改变人们生活方式，给我们带来不少积极变化。

377 A와 B는 별개의 문제다

표현 A和B是两回事，A和B是两码事
예문 하고 싶은 것과 할 수 있는 것은 전혀 별개의 문제라는 사실을 기억해야 한다.
번역 要记住，想干和能干，这完全是两码事。

378 ~ 병세가 호전되다

표현 ~病情缓解，~病情好转
예문 모두의 격려 속에 그의 병세는 호전되기 시작했다.
번역 在大家的鼓励下，他的病情开始缓解。

379 병폐를 없애다

표현 破解~弊端
예문 자체 조사와 자체 점검만으로는 행정 체계에 숨어 있는 여러 병폐를 없앨 수 없다.
번역 光靠自查、自检，就无法破解行政体制的种种弊端。

380 A와 B를 병행하다, A와 B를 동시에 고려하다

표현 兼顾A和B
예문 일과 가정, 양육을 병행하는 것은 여성에게 단기적으로는 큰 스트레스지만 장기적으로는 건강에 도움이 된다는 최신 연구조사 결과가 나왔다.
번역 最新调查研究显示，兼顾工作、家庭和孩子，虽然给妇女造成短期压力，但从长期看却更有利健康。

381 (기술, 문화 등을) 보급하다

표현 推广～技术/文化，普及～ 技术/文化
예문 먼저, 에너지 절약형 기술을 개발하고 확산시키며 에너지 절약 문화를 보급해야 한다.
번역 首先，要研发和推广节能技术，普及节能文化。

382 ～에 보복을 가하다

표현 对～采取报复行动
예문 미국은 즉각 중국에 대해 무역 보복을 가했다.
번역 美国决定，马上对中国采取贸易报复行动。

383 ～을 보장 받다

표현 得到～保障
예문 남녀평등을 촉진하는 법이 최근 들어 더욱 강화됨에 따라 여성의 노동과 신체의 권리가 더 많이 보장받고 있다.
번역 目前，促进男女平等的法律法规进一步完善，女性的劳动权益、人身权益等得到更加有力的保障。

384 ～와 보조(페이스)를 맞추다

표현 配合～步调
예문 그는 다른 사람과 보조를 맞춤으로써 소통의 기회가 많아진다는 사실을 깨달아 가고 있다.
번역 他开始明白，要通过配合别人的步调，为自己赢得沟通的机会了。

385 ～보다 훨씬 복잡하다

표현 远比～复杂得多
예문 과학자들은 포유동물의 유전자 기능이 우리가 전에 상상했던 것보다 훨씬 복잡하다는 사실을 발견했다.
번역 科学家们发现，哺乳动物的基因功能远比人们先前想象的复杂得多。

chapter 3 유용한 한중번역 표현 1000

386 A에게 B 세금을 부과하다

표현 对A征收B税，对A课以B税
예문 중국에서는 고액 명품에 대해 높은 관세를 부과한다.

번역 中国国内对奢侈品征收高额关税。

387 ~에 대한 부담이 커지다

표현 ~的负担加重
예문 곡물의 해외 의존도가 높아진 것으로 나타남에 따라 곡물 수입 부담이 점점 커지고 있다.

번역 据悉，韩国粮食对外依赖度上升，因此花钱卖粮的负担日趋加重。

388 ~의 부담을 줄이다

표현 减轻~负担
예문 저출산 해결의 열쇠는 젊은 부부의 양육 부담을 줄여주는 것이다.

번역 解决低生育问题的关键在于减轻年轻夫妇的养儿负担。

389 ~ 부담을 지다, 압박을 감당하다

표현 承受~重负
예문 비좁은 벼룩시장은 이 많은 인파를 감당할 수 없다. 많은 사람은 결국 시장 밖 길가와 뒷골목으로 갈 수밖에 없었다.

번역 狭窄的跳蚤市场根本无法承受人流的重负，大量的人流只好挤向市场外的路边和背街小巷。

390 부동의 1위를 차지하다

표현 无可辩驳地成为~第一位
예문 중국의 전자제품 생산량은 이미 부동의 1위를 차지했다.

번역 中国家电行业产量已经无可辩驳地成为全球第一位。

391 A를 B라고 부르다

표현 把A称为B，把A称之为B，把A称作B
예문 은행의 대출행위를 '맑을 때는 우산을 빌려주고 비가 올 때는 우산을 뺏는 행위'라고 말하는 사람이 있다.

번역 有些人把银行贷款称之为"晴天送伞，雨天收伞"。

392 ~의 기대에 부응하다

표현 符合~期待
예문 성숙한 인터넷 문화 환경은 인터넷 자체의 건전한 발전을 위한 내재적 요건이면서 동시에 많은 국민의 기대에도 부응한다.

번역 一个文明的网络文化环境，既是互联网自身健康发展的内在要求，也符合广大人民群众的热切期待。

393 매년 ~만큼 부족하다

표현 每年都有~的缺口
예문 북한의 연간 곡물 생산량은 400만 톤에 불과하여 매년 100만톤 정도가 부족하다.

번역 北韩粮食年产量只为400万吨，每年都有100万吨上下的缺口。

394 ~의 이익에 부합하다

표현 符合~利益
예문 원활한 미중 관계는 두 나라 모두의 이익에 부합한다.

번역 一个良好的中美关系，符合两国共同利益。

395 A는 B로 분류하다

표현 A可分为B
예문 중국 요리는 대략 8개의 지역 요리로 나눌 수 있다.

번역 中国菜可以大致分为八大地方菜系。

396 ~에 대해 분석하다

표현 对~进行分析
예문 지식경제부는 얼마 전 미국, 일본, 독일 등 국가의 수출 통계에 대한 비교 분석을 실시했다.

번역 日前，韩国知识经济部对美国、日本、德国等国出口统计进行比较分析。

397 ~에 따라 분석하다

표현 从~来分析，从~的观点来分析
예문 전략적 관점에서 마케팅과 경영 전략을 분석하다.

번역 从战略的观点来分析营销和管理战略。

chapter 3 유용한 한중번역 표현 1000

398 (부정적) ~한 분위기를 만들어주다

표현 为~创造环境
예문 미국의 침묵과 서양 언론의 보도 기피가 결국 일본이 정보를 은폐하는 분위기를 만들어주었다.

번역 美国的沉默和西方媒体的失声为日本隐瞒信息创造了大环境。

399 ~한 분위기를 조성하다

표현 营造~气氛
예문 찻집은 고객이 쉬고 즐기면서 대화와 여유를 즐길 수 있는 장소이므로 고아하고 조용한 분위기를 조성해야 한다.

번역 茶楼是顾客休闲娱乐、谈话放松的场所，需要营造典雅安静的气氛。

400 ~의 불만을 해소하다

표현 平息~不满
예문 고객의 불만을 해소하기 위해 업체 책임자는 직접 방문하여 사과를 해야 했다.

번역 为了平息顾客的不满，店面负责人不得不亲自上门道歉。

401 ~한 불명예스러운 기록을 남기다

표현 留下了~不光彩的一笔
예문 프랑스 대표팀은 3연패를 당해, 프랑스 축구 역사상 가장 불명예스러운 기록을 남겼다.

번역 法国国家队遭到三连败，为法国足球留下了最不光彩的一笔。

402 ~를 불바다로 만들다

표현 把~打成一片火海，把~变成一片火海
예문 북한은 서울을 불바다로 만들어 버리겠다고 떠들어댔다.

번역 北韩扬言，将把首尔变成一片火海。

403 ~ 불법자금을 받다

표현 收取~非法资金
예문 대선 후보이기도 했던 이회창 전 총재는 불법 정치자금 수수 혐의로 검찰에 자진 출두했다.

번역 韩国前总统候选人李会昌因收取非法政治资金问题，向检察机关投案自首。

120

404　~의 불씨(화근)를 남기다

표현 为~埋下火种，为~留下祸根
예문 이라크 주둔 미군의 이라크 민간인 학살은 이라크 재건에 재앙의 불씨를 남겼다고 미국 언론이 보도했다.

번역 美报称，驻伊美军滥杀伊拉克平民为伊拉克重建留下祸根。

405　~의 불편을 해소하다

표현 消除~不便之处
예문 동시통역사는 각 당사자들의 교류에서 오는 불편함을 해소해 준다.

번역 同声翻译会帮助消除各方在交流上的不便之处。

406　~에게 불편을 초래하다

표현 给~造成不便
예문 한 누리꾼은 가로등이 일찍 꺼지기 때문에 환경미화원이 작업하는 데 불편함을 초래한다며 가로등 소등 시간을 늦출 것을 청원했다.

번역 一位网民说，路灯早熄给环卫工人的工作造成不便，并呼吁延迟熄灯时间。

407　~ 불평등을 심화하다

표현 加剧~不平等
예문 돈으로 졸업장을 사는 관행이 광범위하게 퍼져 있는데, 이는 국민의 교육 받을 권리 면에서 불평등을 심화하는 것이다.

번역 相当普遍存在的以钱"买文凭"，就进一步加剧了公民受教育机会的不平等。

408　심각한 불황을 겪다

표현 遭遇~寒冬
예문 수요가 줄고 공급 압박은 여전히 큰 상황에서, 철강기업은 또 다시 유례 없는 심각한 불황을 겪고 있다.

번역 需求低迷，供给压力依旧较大的情况下，钢铁企业再次遭遇前所未有的寒冬。

409　~ 붐이 일어나다, ~ 붐이 한창이다

표현 兴起~热，掀起~热(潮)
예문 중국과 인연을 맺는 한국인이 점점 더 늘어가는 요즘 한국에는 그야말로 중국 붐이 한창이다.

번역 越来越多的韩国人与中国结缘，可以说韩国正在兴起一股中国热。

chapter 3 유용한 한중번역 표현 1000

410 A는 B가 결코 따라올 수 없다

표현 A是B不能比拟的
예문 미국의 강력한 파워는 다른 나라들이 결코 따라올 수 없다.

번역 美国所拥有的卓越实力，是其他国家不能比拟的。

411 A와 B를 비교하다

표현 把A与B(进行)比较
예문 사회주의 중국과 서양 자본주의 선진국을 경제면에서 횡적으로 비교하다.

번역 把社会主义中国与西方发达资本主义国家进行横向经济比较。

412 ~와 비교하다, ~를 가지고 비교하다

표현 拿~做比较
예문 그녀와 다른 사람을 비교할 생각은 절대로 하지 않는 것이 좋다. 그녀의 이번 연기와 작품을 지난번과 비교하는 것이 가장 건설적이다.

번역 千万不要拿她与别人做比较，最具建设性的做法是拿她的表现或作品与自己上一次做比较。

413 ~의 비난 목소리를 없애다

표현 消除~批评之声
예문 논란이 되고 있는 정치 보좌관 직무를 해제함으로써 당내 비판의 목소리를 없앴다.

번역 通过解除了一些有争议的政治顾问的职务，从而消除了党内部的批评之声。

414 ~에 비난을 퍼붓다, ~에 강한 비난을 가하다

표현 对~发出强烈谴责，对~予以强烈谴责
예문 각국은 북한의 핵실험에 일제히 강한 비판을 가하고 우려를 표했다.

번역 各国纷纷对北韩核试验予以强烈谴责，并表示忧虑。

415 A와 B가 엇비슷하다

표현 A与B相差无几，A与B大同小异
예문 한국의 땅값은 계속 오르고 있다. 서울의 땅값은 이미 도쿄와 엇비슷하거나 오히려 더 높다.

번역 韩国地价有增无减，首尔地价已与东京相差无几，甚至更高。

416　~의 비용(원가)을 높이다

표현 加大~成本
예문 국제 유가 상승은 기업의 생산 원가를 더욱 끌어올렸다.
번역 国际油价上涨进一步加大了企业的生产成本。

417　A를 B에 비유하다

표현 把A比作B，把A比喻为B
예문 어떤 사람은 인간을 인간의 어머니인 지구 몸 속에 자라는 암세포에 비유하기도 한다.
번역 有人把人类比作地球母亲体内的癌细胞。

418　~ 비자금을 조성하다

표현 建立~秘密资金
예문 김정일 전 국방위원장의 장남 김정남은 해외 비자금의 조성 및 관리를 담당했다고 전문가들은 밝혔다.
번역 专家表示，金正日长子金正男掌管建立和管理海外秘密资金。

419　~ 비전(청사진)을 제시하다

표현 提出~蓝图
예문 UN 총회는 이번에 채택한 관련 선언에서 48개 최빈국을 위한 향후 10개년 발전 청사진을 제시했다.
번역 联合国大会通过了有关宣言，为48个最不发达国家提出了未来十年发展蓝图。

420　비정상적인 수단으로 ~

표현 以非正常途径~
예문 고가 명품의 주 고객은 '재벌 2세'들과 몇몇 비정상적인 수단으로 부자가 된 사람들이었다고 경찰은 밝혔다.
번역 警方称，许多奢侈品的消费者都是"富二代"以及一些以非正常途径致富的人。

421　빈부격차가 ~심화하다

표현 贫富差距~扩大，贫富差距~悬殊
예문 이명박 정부 들어 국민의 소득 수준과 소비율은 계속 하락하여 빈부격차가 더욱 확대되었다.
번역 李明博政府上台以来，居民收入比重不断下降，消费率持续下降，贫富差距进一步扩大。

chapter 3 유용한 한중번역 표현 1000

422 ~를 빌미로, ~의 명의로

표현 以~名义
예문 중국은 국가 명의로 민간 항공기 약 200대를 파견하여 전란에 휩싸인 리비아에서 3만여 명을 철수시켰다.

번역 中国以国家的名义，调派近200架次民航包机，从战乱的利比亚撤离3万多人。

423 (~ 자리를) 빼앗다, ~ 분야를 석권하다

표현 夺取~宝座
예문 소니는 최신 3D 액정 TV를 출시하여 3D TV 시장 점유율 1위 자리를 빼앗았다.

번역 索尼推出了新款3D液晶电视，夺取了3D电视市场份额首位宝座。

424 ~뿐이 아니다

표현 ~不止于此，~不仅限于此
예문 세일즈는 일종의 연기지만 단순히 연기에 국한하지는 않는다. 기업가가 되려면 어느 정도 연기 재능을 갖춰야 한다.

번역 推销是一种表演，但不仅限于此，要成为一名企业家通常需要具备一定的表演才能。

425 ~ 사건을 해결하다

표현 破获~案
예문 부산경찰청은 대규모 신용카드 절도 사건을 뿌리뽑아 시민들의 갈채를 받았다.

번역 韩国釜山市警察厅重拳出击，成功破获一宗特大信用卡盗刷案，受到广大市民的好评。

426 ~의 사기를 꺾다

표현 挫败~士气
예문 축구에서 이런 역전 드라마가 연출되는 것은 매우 드물다. 경기가 끊임없이 뒤집히고, 역전을 통해 상대방의 사기를 꺾는 이런 것이야말로 축구의 매력이다.

번역 在足球场上，这样的逆转并不少见，比赛跌宕起伏，逆转中挫败对手的士气，这就是足球的魅力。

427 ~에게 사랑을 받다

표현 赢得~喜爱，博得~喜爱，受到~欢迎，备受~青睐
예문 자신을 존중하고 사랑할 줄 알아야 다른 사람의 존중과 사랑도 받을 수 있다.

번역 做人应自尊自爱，才会博得别人的尊重和喜爱。

428 (비유적) ~의 마음을 사로잡다

표현 俘获~的心
예문 일본 고객을 타깃으로 그들이 선호하는 상품을 개발하여 일본 소비자의 마음을 사로잡다.

번역 开发出针对日本顾客喜好的商品，俘获日本消费者的心。

429 ~ 사명을 지다, ~ 사명을 띠다

표현 肩负~使命，担负~使命
예문 우리 모두 자신감을 갖고 지속 가능한 발전의 길을 흔들림없이 걸어갑시다. 우리 모두 신성한 사명을 어깨에 지고 아름다운 미래를 함께 만들어 갑시다.

번역 让我们鼓足信心，坚定不移地走可持续发展的道路，肩负神圣使命，共创美好未来。

430 사법의 칼을 ~에게 겨누다

표현 司法之剑挥向~
예문 소비자들은 불량식품 생산 기업에 사법부의 칼이 향하기를 학수고대하고 있다.

번역 消费者期待司法之剑挥向生产不良食品的企业。

431 ~란 제목의 사설을 발표하다

표현 发表题为~的社论
예문 일본 <요미우리 신문>은 '유언비어로 일본 제품을 해(害)하지 말라.'라는 제목의 사설을 게재했다.

번역 日本《读卖新闻》发表了题为"不要让谣言祸害日本产品"的社论。

432 A를 B에 사용하다

표현 把A用在B上，把A用于B
예문 각 부서의 관계자들은 업무에 충실하고 국민의 이익을 위해 애써야 한다고 그는 거듭 강조했다.

번역 他多次强调，各级领导干部要把心思用在工作上，用在为人民群众谋利益上。

433 A와 B 사이에 놓이다

표현 处在A和B之间，陷入A与B之间
예문 세계 경제는 지금 성장과 침체의 경계선에 빠지든 상태이다.

번역 全球经济增长陷入了一个增长与衰退之间的交界。

chapter 3   유용한 한중번역 표현 1000

434   ~ 사절단을 파견하다

표현 派遣~使节团
예문 코트라는 중국 시장 선점을 위해 녹색산업시장 사절단을 중국에 파견했다.
번역 为了抢占中国市场，KOTRA向中国派遣了绿色产业市场使节团。

435   ~에게 사죄하다

표현 对~谢罪，向~道歉，向~表示歉意
예문 일본은 각계각층의 압박에 굴복하여 위안부 피해자에게 사죄할 수밖에 없었다.
번역 受到各方压力，日本方面不得不对慰安妇谢罪。

436   사태의 추이, 상황의 추이

표현 形势的发展
예문 상황의 추이를 보면 미국이 입가에 함박웃음을 띨 정도는 결코 아니다.
번역 形势的发展未必容许美国人过于乐观。

437   ~에게 사표를 제출하다

표현 向~提交辞呈，向~递交辞呈
예문 뇌물수수 혐의를 받고 있는 한 국가공무원이 청와대에 사직서를 제출했다.
번역 涉嫌受贿的一名国家公务员向青瓦台总统府提交了辞呈。

438   ~ 사표를 수리하다

표현 接受~辞呈，受理~辞呈
예문 박근혜 대통령은 15일 '윤창중 성추문' 사건 관련 책임을 물어 이남기 청와대 홍보수석의 사표를 수리했다.
번역 韩国总统朴槿惠15日受理了青瓦台公报首席秘书李南基的辞呈，以追求其在"尹昶重性丑闻"事件中的责任。

439   ~에게 사형을 선고하다

표현 判处~死刑
예문 미국 중간선거 이틀 전 법원은 사담 후세인에게 사형을 선고했다.
번역 美国中期选举两天前，法庭判处萨达姆死刑。

440   ~에 대한 사형을 집행하다

표현 对~执行死刑
예문 아동 성폭행 사건이 연달아 터지면서 사형수에 대한 사형 집행 재개를 둘러싼 논쟁이 뜨겁다.
번역 目前，接连发生儿童遭性侵案，韩国争议是否重新对死囚执行死刑。

441 ~에 사활을 걸다, ~에 올인하다

표현 对~孤注一掷
예문 일본 정부가 우려하는 점은 국제사회가 북한에 대한 제재를 강화할 경우 북한은 결국 핵무기에 '올인'하는 상황이다.
번역 日本政府担心的一点是，一旦国际社会对北韩采取严厉措施，最终会让北韩对核武器孤注一掷。

442 ~ 산업사슬(industrial chain)을 구축하다

표현 建立~产业链
예문 중국은 완벽한 항공모함 산업사슬을 구축하는 데 성공했고 실전 경험도 갖췄다.
번역 中国逐渐建立了完整的航空母舰产业链，具备了实战经验。

443 그에 상응하는 ~

표현 与之相应的~
예문 기본적 의식주 문제를 해결하고 나면 더 위로 올라가고 싶은 욕구가 증가하지만, 사회는 그에 상응하는 기회를 줄 수 있을만큼 개혁되지 않았다.
번역 人在温饱之后寻求进一步上升的空间的要求增加，而社会改革没有提供与之相应的机会。

444 ~한 상태에 이르다

표현 达到~状态, 达到~地步
예문 심리적 스트레스를 줄여서 심신이 평형 상태에 이르도록 하다.
번역 减轻心理压力，使身心达到平衡状态。

445 A를 B 상태에 빠뜨리다, A를 B 상태로 몰고 가다

표현 把A推向B的境地
예문 미국 서브프라임 사태는 많은 제조업체를 생산중단과 도산으로 몰고 갔다.
번역 美国次贷危机把不少制造企业推向停产倒闭的境地。

446 ~한 상태에 놓이다

표현 处于~状态
예문 금융위기의 영향으로 집값은 줄곧 정체 상태에 놓여있다.
번역 受金融危机的影响，房价一直处于停滞不前的状态。

chapter 3 유용한 한중번역 표현 1000

447 A를 B로 상향조정하다

표현 把A调高到B
예문 한국은행은 금리를 2.25%에서 2.5%로 상향조정하기로 결정했다.

번역 韩国央行决定把利率从2.25%调高到2.5%。

448 A와 B는 상호보완 관계이다

표현 A与B相辅相成
예문 인터넷의 발전과 관리는 상호보완 관계이다. 발전에는 관리가 필요하고 관리는 더 빠르게 발전하기 위해서 필요하다.

번역 互联网发展与管理相辅相成，发展需要管理，管理是为了较快发展。

449 (처해진) 상황이 매우 어렵다

표현 ～形势更严峻，～形势很严峻
예문 중국의 산업발전 과정에서 직면한 국내외 상황은 과거보다 더 심각하다.

번역 中国工业发展所面临的国内外形势比以往更严峻。

450 ～한 상황을 보여주다, ～한 상황을 반영하다

표현 折射～形势
예문 이번 보고서는 오늘날 서유럽 국가들의 금융 상황을 잘 보여주고 있다.

번역 这份报告折射出当前西欧国家的金融形势。

451 ～한 상황에 빠지다 (부정적)

표현 陷入～状态
예문 유럽 경제위기의 영향으로 우리의 수출도 침체 상황으로 빠져들었다.

번역 受欧洲经济危机影响，韩国出口陷入了低迷不振的状态。

452 ～한 상황에 놓이다

표현 形成～之势
예문 독도 문제를 둘러싼 한일 갈등은 일촉즉발 상황이다.

번역 韩日两国的岛屿之争已形成剑拔弩张之势。

453 ～의 새 역사를 쓰다

표현 谱写～新篇章，揭开～新篇章，掀开～新篇章
예문 베이징 올림픽은 친환경 올림픽, 문화 올림픽의 새 역사를 썼다.

번역 北京奥运会谱写了绿色奥运、文明奥运的新篇章。

454 ~에게 새해인사를 올리다

표현 向~拜年
예문 전통 관습에 따르면 초하루 이른 아침에 일어나면, 나이 어린 사람은 먼저 웃어른께 새해인사를 올린 후 건강과 장수를 기원한다.

번역 按照传统习俗，初一早晨，晚辈起床后，要先向长辈拜年，祝福长辈健康长寿。

455 색안경을 쓰고 ~을 바라보다

표현 戴着有色眼镜看~
예문 자신의 잣대로 남을 평가하지 말고 색안경을 끼고 남을 바라보지 마라. 사람은 누구나 자신이 좋아하는 것과 개성, 인생의 가치가 있기 때문이다.

번역 不要以自己的标准来评价别人，也不要戴着有色眼镜看人，因为每个人都有自己的喜好和个性以及人生价值。

456 ~한 생각이 들다, ~ 생각을 떠올리다

표현 萌生~念头
예문 자살을 떠올리는 사람 중 다수는 사는게 즐겁지 않아서 목숨을 버리려고 한다.

번역 萌生自杀念头的人，多数是因为活得不快乐而轻生。

457 ~에게 많은 생각을 하게 하다

표현 留给~思考空间
예문 왕(汪)모씨가 어머니를 살해한 사건은 우리에게 많은 생각을 하게 한다.

번역 汪某刺母事件就留给人们更多的思考空间。

458 A가 B에서 C를 생산하다

표현 由A在B生产C
예문 아마디네자드 이란 대통령은 프랑스가 나서서 이란 국내에서 농축우라늄을 생산하는 방안을 제시했다.

번역 伊朗总统内贾德建议，由法国牵头在伊朗境内生产浓缩铀。

459 생존이 위협 받다, 생존의 위기에 직면하다

표현 生存面临挑战
예문 여러 이유로 우리 인간의 어머니인 지구는 심하게 병이 들었고, 인류 역시 심각한 생존의 위협을 받고 있다.

번역 由于各种原因，我们的地球母亲病了，而且病得很严重，人类生存面临严重挑战。

chapter 3 유용한 한중번역 표현 1000

460 ~ 생존의 길을 모색하다

표현 寻求~生存之路
예문 돌발적인 위기에 직면하여 모든 기업은 생존의 길을 모색하기 위해 중지(衆智)를 모으고 있다.

번역 面对突如其来的危机，各家企业集思广益，寻求新的生存之路。

461 ~ 생활 속으로 파고들다

표현 闯入~生活
예문 개혁개방 이후 주식시장은 중국인의 일상 생활 속으로 파고들었다.

번역 改革开放以来，股市已闯入了中国人的日常生活。

462 ~의 서막을 열다

표현 揭开~序幕，拉开~序幕
예문 전 세계의 모바일 스마트폰은 4G 가격 경쟁의 서막을 열었다.

번역 全球智能移动手机揭开4G价格战的序幕。

463 ~ 서버를 차단하다

표현 屏蔽~服务器
예문 경찰은 음란물 사이트의 서버를 차단했다.

번역 警方屏蔽了色情网站服务器。

464 A에게 B 서비스를 제공하다

표현 向A提供B服务
예문 노키아 측은 WP8 휴대전화 업체에 네비게이션 서비스를 제공하겠다고 약속했다.

번역 诺基亚承诺，向WP8手机厂商提供导航服务。

465 A에게 B 서한을 발송하다

표현 向A发送B信，向A致B函
예문 일본 총리는 시진핑 국가 주석에게 친필 서한을 발송했다.

번역 日本首相向国家主席习近平发送了亲笔信。

466 ~선을 돌파하다

표현 突破~大关，突破~关口
예문 국제 유가가 배럴당 100달러선을 돌파하면서 3년 만에 최고 기록을 경신했다.

번역 国际油价突破了每桶100美元大关，创下了近3年以来的最高纪录。

467 ~을 선거공약으로 내걸다

표현 许下~竞选诺言
예문 전 국민을 대상으로 한 의료보험 실시는 오바마의 대선 공약이었다.

번역 实现全民医保，就是奥巴马在竞选总统时所许下的诺言。

468 ~의 선두를 차지하다

표현 争夺~头把交椅
예문 삼성은 애플과 세계 스마트폰 시장의 선두를 차지하기 위해 경쟁하고 있다.

번역 三星正在与苹果争夺全球智能手机的头把交椅。

469 A를 B로 선정하다

표현 把A选定为B
예문 FIFA는 러시아를 2018년 월드컵 축구 개최국으로 선정했다.

번역 国际足联把俄罗斯选定为2018年世界杯足球赛东道国。

470 ~ 선택권을 확대하다

표현 扩大~选择权
예문 그는 진정한 '자율 선발'이란 대학의 학생 선발권을 확대하고 교육에 경쟁시스템을 도입하는 것이라고 말했다.

번역 他说，真正的自主招生是允许大学扩大学生选择权，并建立教育的竞争机制。

471 선택의 여지가 줄어들다

표현 回旋余地变小
예문 통화정책 도구는 이제 거의 남아있지 않아서 중앙은행이 인플레이션을 억제할 수 있는 선택의 여지도 줄어들었다.

번역 货币政策工具已经所剩无几，令央行控制通胀的回旋余地变小。

472 설 자리를 잃다

표현 失去立足之地
예문 잘못을 인정하지 못하고 역사를 직시하지 못하는 국가는 세계의 많은 민족들 사이에서 더 이상 설 자리가 없게될 것이다.

번역 一个不敢认错，不敢正视历史的国家，在世界民族之林中必将失去立足之地。

chapter 3 유용한 한중번역 표현 1000

473 설전을 벌이다

표현 展开唇枪舌剑
예문 서로 입장이 너무 달라 참석한 관리들은 환율이라는 핫이슈를 가지고 설전을 벌였다.
번역 各方立场大相径庭，与会官员预计将就汇率这一沸点议题展开唇枪舌剑。

474 ~한 성격을 띠다

표현 带有~性质
예문 오바마 대통령은 UN 핵실험 금지 결의안의 국회비준을 희망하고 있지만, 인도는 이 조약이 차별적 성격을 갖고 있어 공개적으로 반대했다.
번역 奥巴马希望美国国会能批准联合国核试爆禁令，但印度声称该条约带有歧视性质，因此公开反对。

475 ~ 성과를 거두다

표현 取得~成就
예문 중국이 이처럼 큰 성과를 거둔 원동력은 줄곧 평화로운 발전을 추구한 데에 있다.
번역 中国取得如此辉煌成就，源于坚持走和平发展道路。

476 A를 B로 세분화하다

표현 把A细分为B
예문 우리는 일반적으로 시장을 시장을 공업시장, 농업시장, 상업시장 등으로 세분화한다.
번역 一般来说，我们把市场细分为工业市场、农业市场、商业市场等。

477 ~에 대해 소개하다

표현 对~介绍
예문 전문가들은 여성 우울증의 심각성을 설명하면서 정신과 의사의 상담을 꼭 받으라고 말했다.
번역 专家对女性抑郁症的严重性介绍说，必须得到心理医生的帮助。

478 ~ 소문이 누설되다, 소문이 새나가다

표현 走漏~风声
예문 이명박 대통령의 독도 방문 소식은 사전에 전혀 새나가지 않은 것으로 알려졌다.
번역 据悉，李明博登陆独岛之前，一点风声都没走漏。

479 A에 B 소송을 제기하다

표현 向A提起B诉讼，向A起诉B问题
예문 일본은 '독도' 문제에 관해 국제사법재판소(ICJ)에 단독 제소했다고 우리나라에 공식 통보했다.

번역 日本正式通报韩国单独向国际法庭起诉"独岛"问题。

480 소외되다, (경쟁에서) 밀려나다

표현 被边缘化
예문 '중국산 제품'의 공세 때문에 한국 기업은 점점 밀려나고 있다.

번역 面对"中国制造"的攻击，韩国企业越来越被边缘化。

481 ~ 소요사태(폭동)가 발생하다

표현 引发~骚乱
예문 지진 이후 일부 지역에는 소요사태가 발생해 적어도 10명이 목숨을 잃었다.

번역 地震发生后，一些地区引发了骚乱，造成至少10人丧生。

482 ~ 소용돌이에 휘말리다

표현 卷入~漩涡之中
예문 문화대혁명이 본격 시작된 후 수많은 혁명 원로들이 정치의 소용돌이에 휘말렸다.

번역 文化大革命全面展开之后，大批革命元老卷入了政治的漩涡之中。

483 ~의 소유이다, ~에게 귀속되다

표현 归~所有
예문 작품의 판권은 저자에게 귀속되며, 전재(轉載)할 경우 저자에게 연락 바랍니다.

번역 作品版权归作者所有，转载请联系作者。

484 ~을 소재로 하다

표현 以~为题材
예문 6·25전쟁을 소재로 한 영화 <태극기 휘날리며>가 누적 관객 수 5위에 랭크되었다.

번역 以韩国战争为题材的电影《太极旗飘扬》跻身于韩国电影票房前5名。

133

chapter 3 유용한 한중번역 표현 1000

485 ~ 소재를 발굴하다

표현 挖掘~素材
예문 우리는 다채로운 삶 속에서 국어를 공부하는데 필요한 소재를 찾아낼 수 있다.
번역 我们可以从丰富多彩的生活中挖掘语文学习的素材。

486 ~을 소탕하다, 단속하다

표현 对~进行清剿，对~进行扫荡
예문 양평군경찰서는 군 전체의 식품업체를 대상으로 대대적인 단속을 실시한 결과 불법 업체 5곳을 적발했다.
번역 据悉，韩国京畿道杨平郡警察局对郡内所有的食品公司进行"大扫荡"，共查处5家非法食品生产"窝点"。

487 ~을 소홀히 다루다, 등한시하다

표현 对~等闲视之
예문 인터넷 소셜네트워크 플랫폼과 인터넷 전반에 대한 관리는 상황에 따라 강력하게 실시해야 하며, 무엇보다 인터넷 유언비어는 결코 소홀히 다루어서는 안 된다.
번역 对网络社交平台和整个互联网的管理，必须因势利导，特别是对网络谣言不可等闲视之。

488 ~한 속도로

표현 以~的速度
예문 인간의 활동으로 인해 생물종은 자연도태보다 1,000배 정도 빠른 속도로 지구에서 자취를 감추고 있다.
번역 人类活动使物种正以相当于自然淘汰1000倍的速度灭绝。

489 ~ 속박에서 벗어나다

표현 摆脱~束缚
예문 시설농업은 기술과 자본 집약형 농업으로, 기존농업은 인공 시설 이용을 통해 자연의 속박에서 점점 벗어나 현대적인 공장식 농업이 가능해졌다.
번역 设施农业是一种技术、资金密集型的农业，它利用人工建造的设施，使传统农业逐渐摆脱自然的束缚，走向现代工厂化农业。

490 ~ 속셈을 간파하다

표현 看出~盘算，识破~用心，深谙~的意图
예문 그녀는 팀장의 말을 듣자마자 그의 속셈을 간파하고 마음의 준비를 해 두었다.
번역 她一听领导的话，就识破他的用心，并做好心理准备。

491　~의 손발을 묶다, 구속하다

표현 束缚~手脚
예문 유로존의 일괄 금리정책은 각국의 조절정책의 손발을 묶어 버렸다.

번역 欧元区统一利率政策束缚了各国调控政策的手脚。

492　~ 손실을 초래하다

표현 造成~损失
예문 초대형 허리케인이 미국에 상상을 초월하는 막대한 손실을 초래했다.

번역 特大飓风对美国造成无可估量的财产损失。

493　~의 손아귀(마수)에서 벗어나다

표현 摆脱~的魔掌，逃脱~魔掌
예문 나의 가장 큰 소망은 아내가 저승사자의 손길에서 완전히 벗어나 병마를 걷어내는 것이다.

번역 我最大的心愿就是我的妻子能彻底摆脱死神的魔掌，走出病榻的阴影。

494　~에서 손해를 보다

표현 尝到~的苦果
예문 한국은 대일 무역에서 큰 손해를 보았다.

번역 韩国尝到对日贸易损失的苦果。

495　솜방망이 처벌

표현 处罚过轻，处罚偏轻
예문 솜방망이 처벌로는 범죄 억제 효과가 없다는 인식이 지배적이다.

번역 人们普遍认为，处罚过轻起不到遏制犯罪的作用。

496　~ 수단을 사용(동원)하다

표현 动用~手段
예문 역대 정부는 법적 수단을 동원하여 부동산 투기를 억제하려고 노력해 왔다.

번역 韩国历届政府都力图动用法律手段，抑制房产投机。

497　~을 중요한 수단(무기)으로 삼다

표현 以~为砝码
예문 저가를 무기로 고객 유치에 혈안이 된 각 여행사 때문에 관광객들은 많은 불쾌감을 느꼈다.

번역 各家旅行社不惜以低价为砝码来追逐客源，给游客出行带来了不愉快。

chapter 3 유용한 한중번역 표현 1000

498 ~을 위해 수단과 방법을 가리지 않다, ~을 위해 물불을 안 가리다

표현 为~不择手段
예문 목적 달성을 위해 수단과 방법을 가리지 않다.

번역 为了达到目的而不择手段。

499 ~ 수속을 밟다

표현 办理~手续
예문 이혼을 하게되면 반드시 이혼 등록 수속을 밟아야 한다.

번역 离婚必须办理离婚登记手续。

500 ~ 사태를 수습하다

표현 收拾~局面
예문 이런 행위는 사태를 끊임없이 악화시켜서 결국 사태를 수습할 수 없는 지경에 이른다.

번역 这种行为只能使事态不断恶化升级，直至出现不可收拾的局面。

501 세계 ~위의 A 수입국이 되다

표현 成为世界第~大A进口国
예문 우리나라의 연간 곡물 수입량은 1,400만 톤으로 세계 5위의 식량 수입국이 되었다.

번역 韩国年均谷物进口量达1400万吨，成为世界第5大粮食进口国。

502 ~의 수준을 향상시키다

표현 提高~水平
예문 경쟁자와 치열한 경쟁을 통해 자신의 전체적 수준을 향상시킬 수 있다.

번역 通过与竞争对手展开激烈竞争，可以提高自身综合水平。

503 ~ 숙명을 탈피하다, 벗어나다

표현 逃脱~宿命
예문 나는 평생 동안 정말 힘겹게 살았고 여러 차례 실패했다. 그래서 내 숙명은 이렇게 힘겹고 벗어날 수 없다고 생각했다.

번역 我这一生过得十分坎坷，屡次的失败，让我觉得我的宿命就是这么悲惨，无法逃脱。

504 ~ 숙원을 이루다

표현 实现~夙愿
예문 이 때 주심은 한국-포르투갈전의 종료 휘슬을 불었고, 한국 축구는 48년 만의 숙원을 이루며 월드컵 16강에 진출했다.

번역 主裁判就在这一时刻吹响了韩葡之战结束的哨声，韩国足球终于实现了48年的夙愿，成功进入了世界杯16强。

505 ~ 순위를 매기다, 순위표를 작성하다, 등수화하다

표현 制定~排行榜
예문 중앙일보가 올해 작성한 전국 대학 순위표가 큰 논란을 일으켰다.

번역 韩国中央日报今年制定的全国大学排行榜引发了不少争议。

506 ~에 숨통을 틔워주다

표현 为~输氧
예문 국제유가가 큰 폭으로 하락하면서 각 수입업체에게 '숨통'을 틔워주었다.

번역 国际油价大幅回落，为各家进口企业"输氧"。

507 한 시도 쉰 적이 없다

표현 一刻都没闲过
예문 아들의 학비를 대기 위해 그녀는 한 시도 쉰 적이 없다.

번역 为了支付儿子的学费，她一刻都没闲过。

508 ~를 스승으로 모시다, ~에게 사사하다

표현 拜~为师
예문 그는 큰아버지 밑에서 배우며 포부가 큰 사나이가 되겠노라고 결심했다.

번역 他决心拜伯父为师，做一个有志气的男子汉。

509 ~ 스캔들이 터지다

표현 爆出~丑闻
예문 이시하라 신타로 일본 도쿄도 지사는 숨겨둔 아들 스캔들이 터지자 기자회견장에서 물러나겠다고 밝혔다.

번역 日本东京都知事石原慎太郎爆出私生子丑闻，在记者会上宣布辞职。

chapter 3 유용한 한중번역 표현 1000

510 ~ 스트레스를 풀다

표현 排泄~压力
예문 정신과 의사는 마음 속의 스트레스와 좌절감을 풀어내야 한다고 조언한다.

번역 心理医生建议，要排泄心中的压力和受挫心里。

511 ~의 슬로건(플래카드)을 내걸다

표현 打出~标语，高举~标语
예문 축구 올림픽 국가대표 박종우 선수는 동메달 결정전이 끝난 후 '독도는 우리땅' 슬로건을 높이 치켜 들었다.

번역 韩国国奥队队员朴钟佑在铜牌争夺赛之后，打出"独岛是韩国领土"的标语。

512 (부정적인) 습관을 버리다

표현 戒除~习惯
예문 모든 바람직하지 못한 소비 습관을 버리면 전기를 37.5%나 절약할 수 있다는 연구결과가 나왔다.

번역 研究表明，戒除所有的不良能源消费习惯可以节能37.5%。

513 ~의 습관을 기르다

표현 培育~的习惯，养成~习惯
예문 양측은 대화를 통해 사건이 생겼을 때 소통하고 상호 이익과 협력을 도모하는 습관을 길렀다.

번역 双方通过对话，培育遇事沟通、互利合作的习惯。

514 A를 B로 승격하다

표현 把A升格为B
예문 UN 총회는 미국이 시작한 지구의 날을 세계 지구의 날로 승격했다.

번역 联合国大会把从美国开始的地球日升格为世界地球日。

515 ~ 승기를 잡다, 승리는 따논 당상

표현 奠定~胜局
예문 브라질팀은 3대 0으로 가볍게 승기를 잡았으며 동메달 획득으로 명예를 지켰다.

번역 巴西队以3比0轻松奠定胜局，用铜牌捍卫荣誉。

516 (출범 이후) ~의 시간이 흘렀다

표현 走过~历程
예문 보아오 아시아 포럼이 출범한 지 어느 새 10년의 시간이 흘렀다.

번역 不知不觉，博鳌亚洲论坛已走过了10年历程。

517 시간을 아껴서, 꾸준히 ~을 지속하다

표현 抓紧时间+절(동사+목적어)
예문 사람들에게 시간을 아껴서 공부에 매진하도록 격려하는 명언, 경구는 매우 많다. 가령 '인생은 짧고 고단하다. 만약 시간을 허비한다면 그 짧은 인생은 너무 길게 느껴질 것이다.'가 있다.

번역 激励人抓紧时间学习的名言警句很多，如"人生苦短，若虚度年华，则短暂的人生就太长了。"

518 A에게 B의 시그널(신호)을 보내다

표현 向A发出B信号，向A发出B信息
예문 미국의 민주, 공화 양당은 공동으로 중국의 대미 투자를 환영하는 명확한 시그널을 보냈다.

번역 美国两党应联合向中国发出欢迎中国对美投资的明确信息。

519 ~ 시기를 놓치다

표현 错过~时期
예문 3~14세는 어린이의 키가 크는 최적의 시기이므로, 이 시기를 놓치면 평생 작은 키로 살아야 한다고 전문가들은 말한다.

번역 专家指出，3~14岁是孩子长高的最佳时期，一旦错过，将有可能终生矮小。

520 ~ 시기를 미루다(연기하다)

표현 拖延~日期，推迟~日期
예문 돈을 갚을 능력이 없는 그녀는 날짜를 연기하기 위해 남자친구와 함께 강도를 당한 것처럼 연극을 꾸몄다.

번역 无力偿还的她为了拖延还款日期，就伙同男友导演了一场被抢劫的闹剧。

521 ~한 시대를 열다

표현 开创~时代
예문 냉전 종식 후의 '단극 시대'라는 새로운 시대가 활짝 열렸다.

번역 冷战结束后的"单极时代"开创了全新时代。

chapter 3 유용한 한중번역 표현 1000

522 ~한 시대에 접어들다

표현 进入~时代，迎来~时代
예문 우리나라는 이미 저출산, 고실업 시대로 접어들었다.
번역 韩国已经进入了生育率低、失业率高的时代。

523 ~를 시범(지역, 사업)으로 삼다

표현 以~为试点
예문 베이징시는 자동차를 시범 대상으로 천연가스 차량을 확대 보급하기로 했다.
번역 北京市决定，将以出租车为试点推广天然气汽车。

524 ~은 시사하는 바가 크다, ~은 많은 것을 생각하게 하다

표현 ~有许多可供思考之处
예문 '거리의 묻지마 살인'과 이로 인한 논쟁은 시사하는 바가 크다.
번역 "步行街杀人案"和由此引发的争论有许多可供思考之处。

525 ~ 시설을 확충하다

표현 扩充~设施
예문 미국의 한 싱크탱크는 이란이 이미 주요 핵연료 가공시설을 확충하고 강화했다고 밝혔다.
번역 美国一智库称，伊朗已经扩充及加强该国的主要核燃料加工设施。

526 ~ 시스템을 구축하다

표현 构筑~系统
예문 현대화 산업 시스템의 구축에 박차를 가해 전체적인 경제력을 강화하다.
번역 加快构筑现代产业系统，增强经济综合实力。

527 ~ 시스템을 정비하다

표현 完善~体系
예문 G20 재무장관 회의에서 참석자 모두는 각국에 금융 보호막 시스템 강화를 촉구했다.
번역 G20财长会议上，与会者均呼吁各国完善金融防火墙体系。

528 ~ 시스템을 가동하다

표현 启动~体系
예문 이 시의 경찰당국은 도심을 대상으로 네트워크화된 순찰 체계를 가동하겠다고 밝혔다.
번역 该市警察局表示，将启动城区网络化巡防体系。

529 ~에서부터 시작하다

표현 从~着手
예문 저탄소 경제는 불끄기와 같이 작은 곳에서 그리고 우리 생활의 작은 일에서부터 시작해야 한다고 그는 조언했다.
번역 他建议，推动低碳经济要从小处着手，应从生活的小事做起，比如随手关灯等。

530 ~ 시장을 겨냥하다

표현 瞄准~市场，攻克~市场
예문 중국 가전업체는 최근 또 다시 일본 전기제품시장을 인수합병 목표로 설정하고 일본계 기업을 인수했다.
번역 中国家电企业近日再次将并购的目标瞄准了日本电器市场，收购日资企业。

531 ~ 시장을 선점하다

표현 抢占~市场
예문 세계 각국은 미래 친환경 에너지시장을 선점하기 위해 보이지 않은 치열한 경쟁을 벌이고 있다.
번역 全球各国为抢占未来绿色能源市场展开激烈无形竞争。

532 ~ 시점을 맞이하여, ~에 즈음하여

표현 正值~之际
예문 설날을 앞둔 지금 주요 건강식품 제조업체들은 광고에 더욱 사활을 걸고 있다.
번역 目前，正值春节来临之际，几大保健品的广告攻势更加猛烈。

533 ~ 시행착오를 겪다

표현 走弯路，误入岐途
예문 올바른 개혁방향을 계속 유지하고 목표가 명확해야만 개혁에 따른 시행착오를 피할 수 있다.
번역 只有始终坚持正确的改革方向，目标明确，才能使改革少走弯路。

chapter 3 유용한 한중번역 표현 1000

534 훌륭한 ~ 식견(안목)을 보여주다

표현 体现~远见卓识
예문 국제사회는 한글 반포가 세종대왕의 탁견을 잘 보여주며, 세계 문자 역사상 가장 위대한 사건이라고 높이 평가한다.

번역 国际社会高度评价，韩国文字的诞生是体现世宗大王的远见卓识，是世界文字史上，最伟大的事情。

535 ~의 신경을 건드리다, ~을 자극하다

표현 牵动~神经
예문 원자력 안전 문제는 전 세계를 자극하는 민감한 문제로 중국은 원자력 안전을 위한 공조를 적극 지지한다.

번역 核安全牵动着世界神经，中国积极支持核安全合作。

536 ~에 대한 신뢰를 되찾다

표현 重拾对~的信心，重建~的信心
예문 미국 기업의 대출 미상환율이 1.9%로 하락하면서 경제회복을 바라는 투자자들의 신뢰 회복에 일조했다.

번역 美国公司还贷违约率下降到1.9%，帮助投资者重拾对经济复苏的信心。

537 ~ 때문에 신음하다(괴로워하다)

표현 为~而呻吟
예문 사람들은 모두 삶 때문에 힘들어하기 마련이다. 모두 내년에는 자신의 이상을 향해 한 걸음 나아가기를 바란다.

번역 人人都为生活而呻吟。祝愿每个人在来年都能离自己的理想跨进一步。

538 ~을 모방하여 만든 신조어

표현 仿照~创造出来的词
예문 '베이징 파운드'란 '영국 파운드'를 모방하여 만든 신조어로 중국의 구매력을 표현할 때 사용하는 말이다.

번역 "北京镑"是仿照"英镑"创造出来的词，用以形容中国的购买力。

539 ~ 신화를 깨뜨리다

표현 戳破~神话
예문 도요타 자동차의 브레이크에 심각한 결함이 발견되어 '리콜' 사태가 불거졌으며, 이는 '메이드 인 재팬'의 신화를 깨뜨렸다.

번역 丰田汽车的刹车器有严重的缺陷，又开始卷入"召回潮"，戳破"日本制造"神话。

540 ~에 대해 실망감을 표하다

표현 对~表示失望
예문 정부는 위안부 문제에 관한 일본 총리의 담화에 실망을 표했다.

번역 韩国对日本首相关于慰安妇问题的谈话表示失望。

541 ~한 생활방식을 실천하다

표현 践行~的生活模式
예문 우리 사회는 철저한 인식의 전환을 통해 절약과 건강한 생활 방식을 실천해야 한다. 이것만이 진정한 지속 가능한 발전의 길이다.

번역 人类社会必须进行深刻的认识革命，践行节俭、健康的生活模式，只有这样才能真正走上可持续发展之路。

542 ~을 실행에 옮기다

표현 把~付诸实践，把~付诸实施
예문 창업은 머리로만 하는 것이 아니라 반드시 실행에 옮기고 하나하나 제대로 해봐야 한다.

번역 创业不要只在脑子里想，必须要把它付诸实践，踏踏实实地去做。

543 ~의 심리를 잘 알다, ~의 심리에 익숙하다

표현 熟悉~的心理
예문 토종 브랜드는 내수 시장을 더 잘 알고 국내 소비자의 심리에 더 익숙하다.

번역 本土品牌更懂国内市场，更熟悉国内消费者的心理。

544 ~에 심혈을 기울이다

표현 为~付出心血，为~倾注(大量)心血
예문 그는 심혈을 기울이며 교육사업에 매진했다.

번역 他为教育事业做了大量工作，付出了大量心血。

545 A를 B에 쏟아붓다

표현 把A倾注于B
예문 일부 선진국은 인류의 미래 에너지의 희망을 태양에너지에 쏟아붓고 있다.

번역 部分发达国家把人类未来能源的希望倾注于太阳能。

chapter 3 유용한 한중번역 표현 1000

546 ~에 대해 큰 아쉬움을 표하다

표현 对~深表遗憾
예문 많은 사람은 교육부의 결정이 학생들의 학업 부담을 가중시킬 것이라며 큰 아쉬움을 표했다.

번역 不少人对教育部的决定深表遗憾，认为这会加重学生的学习负担。

547 A의 악몽이 B에서 사라지다

표현 A的梦魇从B心头消失
예문 빈 라덴은 사살되었지만 9·11 테러의 악몽은 미국인의 마음 속에서 사라지지 않을 것이다.

번역 虽然本拉登已被击毙，但9·11的梦魇不会从美国人的心头消失。

548 ~의 악순환에 빠지다

표현 陷入~怪圈，陷入~恶性循环
예문 더 큰 이익을 얻기 위해 이직의 악순환에 빠지는 사람이 점점 더 많아지고 있다.

번역 越来越多的人容易陷入跳槽的怪圈，企图获取更多的利益。

549 ~의 악순환에서 벗어나다

표현 走出~怪圈，摆脱~恶性循环
예문 강력한 처벌을 하지 않는다면 빈번한 식품안전사고의 악순환에서 벗어날 수 없다.

번역 除非采取严厉惩罚措施，否则就走不出食品安全事故频繁的怪圈。

550 ~에게 악영향을 끼치다

표현 给~造成不利影响，给~带来负面影响
예문 부동산 거품 붕괴와 이로 인해 발생한 서브프라임 사태는 미국 경제에 악영향을 끼쳤다.

번역 房地产泡沫破裂和由此引发的次贷危机给美国经济造成负面影响。

551 ~ 문제를 더욱 악화시키다

표현 加剧~的恶化
예문 자기 주장만 내세운다면 문제를 완화시킬 수도 없고 오히려 더 악화시킬 뿐이다.

번역 各抒己见，不但不能缓解问题，反而可能加剧问题的恶化。

552 점점 악화하다

표현 趋向恶化，进一步恶化
예문 전문가들은 교육 평등성이 점점 악화되는 것을 막아야 한다고 촉구했다.

번역 专家呼吁，遏制教育公平性趋向恶化。

553 ~에게 안도감을 주다

표현 给~带来安慰
예문 미국 회사들이 중요한 시점에 행동을 통해 투자자에게 약간 안도감을 준 것은 정말 다행이다.

번역 好在美国自己的公司在关键时刻，以实际行动给投资者带来了些许安慰。

554 ~의 안전을 위협하다

표현 威胁~的安全
예문 들끓는 소말리아 해적은 각국의 해상 수송과 국제무역을 크게 위협하고 있다.

번역 索马里海盗猖獗严重威胁着各国海上运输和国际贸易的安全。

555 A에서 B를 알 수 있다

표현 从A可以看出B
예문 말하는 방식과 문제를 고려하는 면에서 볼 때 그가 충분한 능력이 있는지 알 수 있다.

번역 从说话的方式和考虑问题的角度可以看出他是否有足够的能力。

556 ~에 대해 잘 알다

표현 对~自知之明
예문 자신의 능력을 잘 이해하지 못한다면, 값비싼 수업료를 지불해야 할 것이다.

번역 对自己的实力需要自知之明，否则会交昂贵的学费。

557 ~ 암호를 풀다(해독하다)

표현 破解~密码, 识破~密码, 打破~密码
예문 2차 대전 기간, 연합군은 무선 전기신호 정보의 정탐 및 독일군 암호 해독에 박차를 가했다.

번역 二战期间，盟军大幅度加大无线电信号情报侦察和破解德军密码的力度。

chapter 3 유용한 한중번역 표현 1000

558 ~의 압박에 직면하다

표현 面临~压力, 面对~压力
예문 국제사회의 기후변화 대응 압박에 직면해야 하는 우리는 에너지 구조에 대한 구조조정을 단행하고 친환경 저탄소 발전을 추구해야 한다.

번역 我们必须面对国际上应对气候变化的巨大压力，因此对能源结构进行调整，走绿色低碳发展之路。

559 ~에게 압박을 가하다

표현 对~施加压力, 给~施加压力
예문 미국은 중국에 대해 지속적으로 위안화 평가 절상 압박을 가하고 있다.

번역 美国对中国继续施加人民币升值压力。

560 ~에서 앞장서다, ~의 선두를 달리다

표현 走在~的前列
예문 지속 가능한 발전의 추진 면에서 아시아는 세계 경제의 선두를 달리고 있다.

번역 在推动可持续发展方面，亚洲走在了世界经济的前列。

561 ~에게 애도를 표하다

표현 向~表示哀悼
예문 북한 최고 지도자의 사망에 대해 많은 나라가 북한에 애도를 표한 반면, 한미일의 입장은 다소 차이가 있다.

번역 北韩最高领导人逝世，多国向北韩表示哀悼，但韩美日的态度有所不同。

562 ~에 애착을 갖다, ~에 푹 빠지다

표현 对~情有独钟
예문 중국 음악과 문화에 큰 애착을 보이고 있는 그는 스스로 음악문화대사의 중책을 맡았다.

번역 他一直对中国音乐和文化情有独钟，主动担负起音乐文化使者的任务。

563 약세에 놓여있다

표현 处于弱势
예문 일본 주변의 국가들은 대부분 국제여론에서 약세에 놓여있다.

번역 日本周边的几个国家大都在国际舆论中处于弱势。

564　~ 약속을 이행하다

표현 兑现~承诺，信守~承诺
예문 약속을 했다면 반드시 지켜나가야 하며, 그렇지 못할 경우 신뢰를 얻을 수 없다.
번역 只要作出了承诺，就必须坚决兑现，否则也不能得到信任。

565　~ 부를 약탈하다

표현 攫取~财富
예문 월스트리트는 다른 사람의 돈으로 법의 허점을 틈타 세계의 부를 약탈한다고 말할 수 있다.
번역 可以说，华尔街拿别人的钱，利用法律漏洞，攫取世界的财富。

566　~에게 약한 모습을 보이다

표현 向~示弱
예문 몸을 추스른 후에도 그녀는 여전히 아팠을 때처럼 남편에게 약한 모습을 보였다. 그러자 그들의 역할은 점차 뒤바뀌었다.
번역 等身体恢复后，她仍像生病时那样常向老公示弱，渐渐地，他们之间的角色就调换过来了。

567　백 번 양보하여, 설령 ~한다 해도

표현 (再)退一步说
예문 백 번을 양보해서 이게 사실이라 치자. 그래서 뭐 어쨌다는 거냐?
번역 退一步说，即使属实，这又有什么关系？

568　~에 대해 양심의 가책을 느끼다

표현 受到~良心的谴责
예문 그의 의학상식 부족과 과실이 이 젊은 생명을 앗아가 버리고 말았고, 그는 이에 큰 양심의 가책을 느꼈다.
번역 由于他自身对医学常识的缺乏和行为的过失，造成了这个年轻生命的丧失，使他的良心受到了巨大的谴责。

569　~의 양해를 얻다(구하다)

표현 征得~谅解
예문 피고 이 아무개씨는 재판 과정에서 자신의 죄를 솔직하게 인정하고 있고, 초범인데다 그 범죄는 우발적으로 발생했습니다. 또한 그의 가족은 피해자가 입은 경제적 손실을 배상했고 피해자에게 양해를 얻었습니다.
번역 被告人李某在庭审中认罪态度较好，系初犯，偶犯，其家属已赔偿被害人经济损失，征得被害人的谅解。

chapter 3 유용한 한중번역 표현 1000

570 A라는 어두운 그림자가 B를 뒤덮다

표현 A的阴影笼罩着B，A的乌云笼罩着B
예문 유럽 부채위기의 그림자가 전 세계를 뒤덮고 있다.
번역 欧洲债务危机的阴影笼罩着全世界。

571 ~ 어려움에서 벗어나다

표현 走出~困境，摆脱~窘境
예문 그리스, 스페인 등 몇몇 유럽 국가는 여전히 금융위기에서 벗어나지 못하고 있다.
번역 几个欧洲国家，如希腊、西班牙等，仍无法走出金融危机困境。

572 ~와 엇박자를 내다, ~와 동떨어지다

표현 与~不相称
예문 정부가 발표한 공식 통계가 실제 물가와 동떨어지기 때문에, 시민들의 공감을 얻지 못하고 있다.
번역 官方公布的数据与实际物价不相称，得不到市民的认同。

573 ~ 등의 어휘가 언론에 자주 등장하다

표현 ~等词汇频频见诸媒体报道
예문 최근 '식량안보' 등의 어휘가 자주 한국 언론에 등장한다.
번역 目前,"粮食安全"等词汇频频见诸韩国媒体报道。

574 ~의 얼굴에 먹칠을 하다, ~를 망신시키다

표현 给~(脸上)抹黑
예문 얼마 전 발생한 두 건의 스캔들이 또 다시 은행업계에 먹칠을 했다.
번역 日前发生的两条丑闻再度给银行业脸上抹黑。

575 ~을 엄벌에 처하다

표현 对~严惩不贷
예문 그는 권력을 이용해 사리사욕을 추구한 자를 엄벌에 처하되, 지휘 고하를 막론하고 법을 어기면 엄격히 처벌해야 한다고 강조했다.
번역 他强调，对以权谋私者严惩不贷，无论权力大小，只要触犯国法都要严惩不贷。

576　~ 업무를 시작하다(펼치다)

표현 开展~业务
예문 대형 인터넷 회사들은 풍족한 현금을 무기로 자신의 업무 특성과 결합해 신용대출 업무를 펼치고 있다.

번역 大型互联网公司利用充裕的现金优势，结合自身业务特点来开展信贷业务。

577　~의 업적을 남기다

표현 留下~遗产
예문 전문가들은 김정일이 남긴 유일한 '업적'이 핵무기라고 분석한다.

번역 专家分析，金正日留下的唯一"遗产"是核武。

578　~할 여건을 제공하다

표현 提供~土壤
예문 경제를 추진하려면 혁신이 필요하며, 이는 과학연구 혁신을 위한 적절한 여건을 제공한다.

번역 经济的推动需要创新，这会为科研创新提供合适的土壤。

579　A를 B라고 여기다(간주하다)

표현 把A视为B, 视A为B, 把A当作B, 把A做为B
예문 북한 당국은 미국이 대북 제재를 감행하면 이를 '선전포고'로 간주하겠다고 주장했다.

번역 北韩当局扬言，如果美国对他们进行制裁，他们则把它视为"宣战"。

580　~ 사건이 여기저기에서 발생하다

표현 ~事件此起彼伏
예문 최근 들어 심각한 식품안전사건이 여기저기에서 발생하고 있다.

번역 近年来，恶性食品安全事件此起彼伏。

581　~ 여운을 남기다

표현 留下~余韵
예문 양산박과 축영대의 지고지순한 사랑이야기는 우리 후대인에게 여운을 남겼다.

번역 梁山伯和祝英台的至真至纯的爱情故事，给我们后人留下了余韵。

chapter 3　유용한 한중번역 표현 1000

582　~의 여지를 주다, ~할 여유를 주다

표현　为~留出余地
예문　인플레이션율이 하락하면 신흥국가에게는 금리인하의 여지가 생긴다.

번역　通胀率下降为新兴经济体留出减息余地。

583　역대 ~

표현　历届~
예문　역대 군사정권은 민주주의를 희생시켜 경제를 키웠다고 그는 주장한다.

번역　他主张，韩国历届军人政府牺牲民主，大力发展经济。

584　~ 역량을 축적하다

표현　积蓄~力量
예문　지금의 상황이 어떻든 물의 정신을 가지고 끊임없이 자신의 역량을 축적해야 한다. 때가 오면 그 기회의 바다에 뛰어들 수 있을 것이다.

번역　不管你现在处境怎样，一定要有水的精神，不断积蓄自己的力量，当时机来临的时候，你就会奔腾入海。

585　~ 역사를 다시 쓰다

표현　改写~历史
예문　오바마는 큰 격차로 공화당 롬니 후보를 눌렀으며, 지난 70년 간 실업률이 7.4%를 넘으면 '백악관의 주인은 반드시 바뀐다'라는 역사를 뒤바꾸었다.

번역　奥巴马以较大优势击败了共和党候选人罗姆尼，改写了过去70年失业率高于7.4%时"白宫必定易主"的历史。

586　~로써 역사에 기록되다

표현　以~载入史册
예문　스페인팀은 탁월한 성적으로 축구사에 기록될 수 있을 것이다. 그들은 1970년 브라질팀 이후 또 다른 최고의 역사를 만들어낸 팀이다.

번역　西班牙队以优越的成绩足以载入足球史册，是1970年的巴西队以后又一个创造巅峰的球队。

587　A에서 B의 역할을 하다

표현　在A上发挥B的作用
예문　한반도 문제에서 중국은 어느 누구도 대신할 수 없는 막중한 역할을 해내고 있다.

번역　在有关韩半岛的问题上，中国正发挥着无法替代的作用。

588 ~ 역할을 강화하다

표현 加强~作用
예문 자원봉사자의 역할을 강화함으로써 부족한 전문 안전관리 요원 숫자를 보강하다.

번역 应该加强志愿者的作用，以弥补专职安全管理人员数量上的不足。

589 A에 대해 B 역할을 수행하다

표현 对A起到B作用
예문 일부 범죄에 대한 처벌이 너무 가벼워 법이 사회에 대한 억제 효과를 전혀 내지 못한다는 불만의 목소리가 많다.

번역 不少人埋怨说，对有些犯罪的惩罚太轻了，法律对社会起不到什么震慑作用。

590 ~에 역행(逆行)하다

표현 逆~而动, 开~的倒车
예문 일본의 역사 왜곡은 시대에 역행하는 것으로 시대의 발전을 선도할 수 없다.

번역 日本歪曲历史只会开历史倒车，不能引领时代前进。

591 A를 B 사안과 연관시키다

표현 把A联系到B(事情), 把A与B挂钩
예문 그는 구글 사태를 미중 관계와 연관시키는 것은 좀 지나친 해석이라고 말했다.

번역 他说，要把谷歌事件联系到中美关系未免言过其实。

592 ~와 연동되다

표현 与~挂钩
예문 2005년 환율 개혁 이후 위안화는 총 2% 평가절상했으며, 더 이상은 달러화와 연동되지 않는다.

번역 2005年汇改以来，人民币累计升值2%，并且不再与美元挂钩。

593 ~에 대한 연구를 한창 진행하다

표현 对~的研究方兴未艾
예문 요즘 외국에서는 중의학에 관한 연구가 한창 진행 중이다.

번역 目前，国外对中医药的研究方兴未艾。

chapter 3   유용한 한중번역 표현 1000

594   A를 B까지 연기하다

표현 把A推迟到B
예문 남아프리카 더반에서 열린 기후변화 총회는 성과 없이 끝났으며, 최후 시한을 2020년까지 연기했을 뿐이다.

번역 南非德班气候变化大会无果而终，只是把最后期限推迟到2020年。

595   ~ 연패(連覇)하다, ~회 연속 우승하다

표현 蝉联~之冠
예문 글로벌 금융위기 발생 이전에 GM 자동차는 77년 연속 세계 자동차 판매 1위 자리를 지켰다.

번역 全球金融危机爆发之前，通用汽车连续77年蝉联全球汽车销量之冠。

596   극적인 장면이 연출되다

표현 出现~戏剧性的一幕
예문 30분간 이어진 국제금연의 날 생방송 프로그램 중, 경찰이 마약판매상을 검거하는 가장 극적인 장면이 연출되었다.

번역 在长达半个小时的国际禁毒日直播节目里，出现了最戏剧性的一幕，即警方真的抓住了毒贩。

597   ~에 대한 열기가 고조되다

표현 (对)~的热情升温
예문 비즈니스 중국어 학습 열기가 미국에서 점차 고조되고 있다.

번역 美国对商务汉语学习的热情急剧升温。

598   ~에 대한 열기가 식다, ~의 의욕이 점점 사라지다

표현 (对)~的热情降温
예문 지속적으로 침체되고 있는 시장환경의 영향 때문에 주식을 매각하려는 상장사 주요 주주들의 의욕도 식어가고 있다.

번역 受持续低迷的市场环境影响，上市公司重要股东的"减持"热情随之降温。

599   ~에 대한 열정을 보이다

표현 显示对~的热情
예문 달러와 비교할 때 투자자들은 석유나 금을 더 선호한다.

번역 比起美元，投资者显示出对石油或黄金更大的热情。

600 ~ 영토를 수복하다

표현 收复~领土
예문 간도(间岛)는 한국의 미수복 영토라는 사실을 잊어서는 안 될 것이다.

번역 我们不能忘记，间岛是韩国尚未收复的领土。

601 ~(주로 교육, 가르침)의 영향을 받다

표현 受到~熏陶
예문 그가 부모에 대한 효도를 깨달은 것은 순전히 선생님의 교육을 받은 결과이다.

번역 他之所以懂得应该孝顺父母，完全是在受到老师熏陶的结果。

602 ~에 대한 영향력을 키우다

표현 增强对~的影响力
예문 중국은 대아프리카 투자를 확대하고 있으며, 아프리카에 대한 영향력을 키우고 있다.

번역 中国正在扩大对非投资，增强对非洲的影响力。

603 (~ 결과를) 예고하다, ~ 복선을 깔다

표현 为~埋下伏笔
예문 화재의 원인은 아직도 조사 중이다. 하지만 불법 주택과 공장의 건축 문제는 이미 이번 참사를 예고하고 있었다.

번역 火灾的原因目前尚在调查，而违章建房、违规办厂早早就已为这次严重的事故埋下了伏笔。

604 ~을 예의주시하다, ~을 매우 중요시하다

표현 高度重视~
예문 정부는 소득격차 확대로 인해 사회 안정을 저해하는 요소에 대해 예의주시하고 있다고 그는 밝혔다.

번역 他表示，韩国政府高度重视收入差距过大引发的影响社会稳定的因素。

605 ~에게 옐로 카드를 꺼내다, 경고하다

표현 对~亮出黄牌
예문 최근 WHO는 평소 우리에게 익숙한 설탕에 대한 경고와 함께 '설탕을 끊으라'는 슬로건을 내보였다.

번역 最近，世界卫生组织对人们平时习以为常的糖亮出了黄牌，提出了"戒糖"的口号。

chapter 3 유용한 한중번역 표현 1000

606 (주로 가격이) A와 B 사이에서 오르내리다

표현 在A至B之间徘徊
예문 현재 국제유가는 배럴당 65~75달러선을 오르내리고 있다.

번역 目前，国际油价在每桶65美元至75美元之间徘徊。

607 ~ 오르막길을 걷다, 발전하다

표현 走上上坡路，走向上坡路
예문 부동산 시장이 또 다시 발전할 것으로 보이며 이는 좋은 징조이다.

번역 房地产市场将走向新的上坡路，这是一个好兆头。

608 오리무중이다, ~은 안갯속에 있다, 제대로 알려져 있지 않다

표현 ~笼罩在迷雾之中
예문 쓰나미가 가져온 방사선 누출은 지금까지도 안갯속에 싸여 있는 상태이다.

번역 日本海啸导致的核泄漏至今仍笼罩在迷雾之中。

609 ~의 오점을 씻다

표현 洗刷~污点
예문 일본 외무상이 러시아를 방문한 의도는 경제와 영토를 맞바꾸어 2차 대전에 패배했던 오점을 씻기 위해서이다.

번역 日本外相访问俄罗斯，企图以经济换领土，洗刷二战战败的污点。

610 지구온난화의 속도를 늦추다

표현 减缓全球变暖
예문 이산화탄소 배출을 줄여서 지구온난화 속도를 늦추는 것이 가장 효과적인 방법이다.

번역 最有效方法是减少二氧化碳排放，以便减缓全球变暖。

611 ~ 압박을 완화하다

표현 缓解~压力
예문 원전사업을 지속적으로 추진하는 것은 전통적 에너지 공급의 압박을 완화하기 위한 필연적 선택이다.

번역 发展核电是缓解常规能源供应压力的必然选择。

612 ~한 외교를 추진하다

표현 实施~外交
예문 중국 정부는 어떤 형태의 패권주의 외교를 추진하는 것도 반대한다고 일관되게 주장했다.

번역 中国政府一贯主张，反对实施任何形式的霸权主义外交。

613 ~ 미사일을 요격하다, 격추시키다

표현 拦截~导弹
예문 상대의 미사일을 요격하는 미국의 기술력이 본질적으로 향상되었다고 전문가들은 말한다.

번역 专家说，美国拦截对方导弹技术有本质的提升。

614 ~의 요청에 응하여

표현 应~的邀请，应邀
예문 중국 정부의 요청에 따라 반기문 UN 사무총장은 17~19일 중국을 공식방문할 예정이다.

번역 应中国政府的邀请，联合国秘书长潘基文将于17日到19日对中国进行正式访问。

615 ~의 욕구를 불러일으키다

표현 激发~欲(望)
예문 획일적인 '주입식 교육제도'는 결코 학생들의 학습욕을 불러일으킬 수 없다.

번역 死板的"填鸭式"教育制度决不能激发学习欲望。

616 ~ 용량을 늘리다

표현 扩大~容量
예문 시장에 대한 모니터링을 강화하여 시장의 크기를 더 키워야 한다.

번역 我们应加大市场监测力度，以扩大市场容量。

617 ~을 절대 용서하지 않다, ~에게 관용을 베풀지 않다

표현 对~采取零容忍措施
예문 정부는 마약 흡입자의 면허증 취득과 자동차 운전을 결코 허용하지 않는다.

번역 政府对吸毒人员申请驾驶证或者驾驶机动车采取零容忍措施。

chapter 3 유용한 한중번역 표현 1000

618 ~의 우려를 부르다

표현 引起~的担忧
예문 이 사건은 전 세계의 우려를 불러오고 있다.

번역 这一事件正引起全世界人的担忧。

619 ~에 대한 우려가 커지다

표현 对~的顾虑增加
예문 도요타 자동차의 안전성에 대한 우려가 커지면서 도요타 그룹의 각 자회사의 위기감 역시 커지고 있다.

번역 随着人们对丰田汽车安全性的顾虑增加，丰田集团各个公司危机感也随之加剧。

620 ~에 대해 우려하다

표현 对~深感忧虑
예문 전문가들은 부동산 거품이 언제 붕괴될 것인가에 대해 크게 우려하고 있다.

번역 专家们普遍对房地产泡沫何时破裂深感忧虑。

621 ~에 관심과 우려를 표명하다

표현 对~表示关切和忧虑
예문 그는 정부가 관련 사태의 추이에 대해 관심과 우려를 표명하고 있다고 밝혔다.

번역 他表示，韩方对有关事态发展表示关切和忧虑。

622 ~할 우려가 있다, ~할 소지가 있다

표현 有~之嫌
예문 뇌물 요구는 양형 사유로서 엄벌에 처하기 위한 근거가 돼서는 안 된다. 그렇지 않으면 중복 평가 금지의 원칙에 위배될 소지가 있다.

번역 索贿就不应再作为量刑情节成为从重处罚的依据，否则有违背禁止重复评价原则之嫌。

623 ~을 우려하게 만들다

표현 使~倍感忧虑
예문 타이완의 육군 소장이 간첩 혐의를 받고 있는 사건이 미국을 우려하게 만들고 있다.

번역 台湾陆军少将涉嫌间谍事件使美国倍感忧虑。

624 A를 B보다 우선하다

표현 把A放在B的前面
예문 이웃한 지역적 문제에 대해 고려할 경우 항상 국가의 이익을 개인적 이익보다 우선해야 한다.

번역 在考虑与我国相邻的地区性问题时，要始终把国家的利益放在个人利益前面。

625 ~을 우선하다, ~이 최우선이다

표현 以~为先
예문 먹는 문제는 안전이 최우선이다. 세계 각국은 대부분 식품안전을 국가의 공공 안전으로 인식하고 규제를 대폭 강화하고 있다.

번역 食以安为先。世界各国政府大多把食品安全视为国家公共安全，并纷纷加大监管力度。

626 ~의 우위(강점)를 이용하여

표현 凭着~优势，凭借~优势
예문 애플사는 생산비용과 판매망을 무기로 스마트폰 시장에서 압도적인 우위를 점하고 있다.

번역 苹果公司凭着生产成本和渠道优势，在智能手机市场处于垄断地位。

627 ~의 우위를 차지하다

표현 占据~优势，占~上风
예문 품질과 기술이 우수한 기업만 치열한 경쟁에서 우위를 차지할 수 있다.

번역 只有质量和技术较优的企业才能在激烈的竞争中占据优势。

628 ~ 운명을 개척하다

표현 掌握~命运
예문 비록 사람은 자신의 신체나 시대환경을 선택할 수는 없지만 자신의 운명을 결정할 수 있고 자신의 운명을 개척할 수 있다.

번역 尽管人不能选择自己的身体和时代环境，但人能够决定自己的命运，掌握自己的命运。

629 ~의 원인이 되다

표현 成为~原因
예문 크나큰 학습부담과 심리적 압박이 중국 젊은이들의 '인터넷 사랑'이 유행처럼 번지는 원인이 되고 있다.

번역 学习任务重、心里压力大，成为中国年轻人"网恋"成风的原因。

chapter 3 유용한 한중번역 표현 1000

630 ~의 원칙에 위배되다

- 표현 违背~原则
- 예문 EU는 경쟁 원칙에 위배되는 지원 계획을 허가할 수 없다.
- 번역 欧盟不能批准违背竞争原则的援助计划。

631 ~ 원칙을 지키다

- 표현 遵循~原则
- 예문 건강한 다이어트를 위해서는 식사 거르지 않기, 설사약 먹지 않기와 같은 원칙을 지켜야 하며, 매주 감량 무게는 1,000g 정도 이내로 제한해야 한다.
- 번역 健康减肥需要遵循不厌食、不腹泻的原则，每周减肥的重量应控制在一千克左右。

632 ~의 원칙에 입각하여

- 표현 按照~原则，本着~原则，根据~原则
- 예문 노동에 따른 분배 원칙에 입각하여 직원 급여 수준을 책정할 때, 주로 직원들의 노동과 기술의 우수성을 평가한다.
- 번역 根据按劳分配原则，评定职工工资级别时，主要是看他的劳动好坏，技术高低。

633 ~ 위 안에 들다(순위)

- 표현 名列前~位
- 예문 우리나라의 국가 브랜드 가치는 세계 10위 안에 든다.
- 번역 韩国国家品牌价值名列世界前十位。

634 ~의 위기에 빠지다

- 표현 深受~之苦，深陷~危机
- 예문 끊임없이 불거지는 월스트리트의 각종 사치스러운 소비 행태로 인해 금융위기에 빠져 고통 받는 미국 국민은 크게 분노했다.
- 번역 华尔街持续不断地被曝出的各种奢侈消费的行为，极大地激怒了深受金融危机之苦的美国民众。

635 ~의 위기가 도사리고 있다

- 표현 隐藏着~危机
- 예문 중국의 인플레이션 이면에는 심각한 경제적, 사회적 위기가 도사리고 있다.
- 번역 中国的通胀下面隐藏着严重的经济社会危机。

636　~의 위기에 대응하다(대처하다)

표현 应对~危机
예문 우리는 함께 힘을 모아 글로벌 금융위기에 대응해야 한다.

번역 我们应通力合作，应对全球性金融危机。

637　~ 위기를 이겨내다

표현 抵御~危机
예문 만약 이번 금융위기를 제대로 이겨낸다면 세계 무대에서 영향력은 더욱 커질 것이다.

번역 如果成功抵御这场金融危机，在世界舞台上的影响力会进一步上升。

638　~에 대한 위기감을 느끼다

표현 对~抱有危机感
예문 북한 당국은 사회 불안정에 대한 위기감을 느끼고 있다.

번역 北韩当局对社会不稳定抱有危机感。

639　~에게 따뜻한 위로를 전하다

표현 向~给予温馨的慰问
예문 각국 정부와 국민은 일본 이재민에게 따뜻한 위로를 전했다.

번역 各国政府和人民纷纷向日本灾民给予了温馨的慰问。

640　~에게 위로전문을 보내다

표현 向~发(出)慰问电
예문 지진 후 얼마 지나지 않아, 시진핑 중국 국가주석은 일본 총리에게 위로전문을 보냈다.

번역 在地震后不久，国家主席习近平向日本总理发慰问电。

641　~ 조항을 위반하다

표현 违反~条款
예문 이 사이트는 사용자가 약관의 조항을 위반했는지 여부에 대해 최종 결정권을 가진다.

번역 该网站对于用户是否违反协议条款有最终决定权。

chapter 3　유용한 한중번역 표현 1000

642　~ 목적에 위배되다

표현　违背~目的
예문　정부가 제시한 '퇴직연령 연장 조치'가 경제발전의 목적에 위배된다고 말하는 사람도 있다.
번역　有人说，政府提出的"延迟退休年龄"违背发展经济的目的。

643　A에서 B의 위상을 정립하다

표현　定位B在A的地位
예문　빈 라덴 사후 미국이 대테러가 국가안보전략에서 차지하는 위상을 어떻게 정립할 것인가가 미국 대선의 중요한 이슈가 될 전망이다.
번역　在后拉登时代，美国如何定位反恐在国家安全战略中的地位，将可能是美国总统大选的一个焦点话题。

644　~ 위신을 세우다

표현　树立~威信
예문　지도자가 된 사람이 가장 권위 있는 사람은 아니다. 하지만 훌륭한 위신을 세우는 것은 모든 지도자가 갖춰야 할 필수 항목이다.
번역　当领导的人并不一定最有威信的人，但树立良好的威信却是每个领导上任时必修的功课之一。

645　~의 위신을 땅에 떨어뜨리다

표현　使~威信扫地
예문　중국의 분유사건은 민족 브랜드 식품의 위신을 땅에 떨어뜨렸다.
번역　中国奶粉事件使民族品牌食品威信扫地。

646　~ 위험수위를 벗어나다

표현　摆脱~警戒线
예문　3월 이후 아시아 통화의 환율은 30% 가까이 상승하여 통화위기의 위험수위를 벗어난 상태이다.
번역　3月后，亚洲货币的汇率总体升值了近3成，基本摆脱了货币危机风险警戒线。

647　A에게 B의 위협을 초래하다

표현　对A构成B的威胁
예문　냉장고에 사용하는 프레온 가스가 누출되면 지구 생태계에 대한 심각한 위협을 초래한다.
번역　冰箱中的氟利昂泄漏会对地球生态环境构成严重威胁。

648 A에게 유기징역 B(기간)를 선고하다

표현 判处A有期徒刑B
예문 법원은 해경을 살해한 중국 선장에게 징역 30년과 과징금 2,000만원을 선고했다.

번역 韩国法院判处刺死韩国海警的中国船长30年有期徒刑，罚款2000万韩元。

649 ~ 유리한 고지를 선점하다

표현 占领~制高点，抢占~制高点
예문 나노 기술을 선점한 사람이 국제 시장의 친환경에너지 분야를 선점할 수 있다.

번역 谁能抢占纳米技术，谁能占领绿色能源国际制高点。

650 ~에 의해 유린 당하다

표현 饱受~蹂躏
예문 역사적 상흔이 너무 깊고 수백 년 간 이웃 일본에 의해 유린 당했기 때문에, 한국인은 이웃 일본에 대한 한이 매우 깊다.

번역 韩国的历史创痛巨深，几百年来饱受邻国日本的蹂躏，每一个韩国人都恨不得咬碎东邻。

651 ~으로 유명하다

표현 以~著名，以~闻名
예문 한국은 김치와 불고기로 전 세계에 유명해졌다.

번역 韩国以泡菜和烤肉闻名于世。

652 ~ 평화와 안정을 유지하다

표현 维护~和平与稳定
예문 그는 한반도의 평화와 안정이 당사국들의 공동 이익에 부합한다고 말했다.

번역 他表示，维护韩半岛和平与稳定，符合各方共同利益。

653 ~의 유혹에 빠지다

표현 陷入~诱惑
예문 우리는 대화와 협력을 추구하여 경쟁자와 갈등이 발생하는 유혹에 빠지지 말아야 한다.

번역 我们应谋求对话与合作，避免陷入与竞争对手发生矛盾的诱惑。

chapter 3 유용한 한중번역 표현 1000

654　A를 B로 육성하다

표현 把A培养成B
예문 우리는 학생들을 국가의 핵심인재로 육성할 책임이 있다.
번역 我们的任务是把学生培养成国家栋梁。

655　~가 점점 융합되어가다

표현 ~趋于融合
예문 최근 들어 세계 경제는 점점 융합되어가고 있다.
번역 近年来，全球经济体系趋于融合。

656　A를 B에 융합시키다

표현 把A融入到B之中
예문 음악가란 자연의 소리를 음악에 녹아들게 만들 줄 아는 사람이다.
번역 音乐家是一个善于把自然之声融入到音乐之中的人。

657　~에 융화하다, ~에 녹아들다

표현 与~接轨
예문 지난 30여 년 동안 중국이 실시한 개혁개방은 세계와 융합하는 과정이었다.
번역 中国30多年的改革开放，基本上是一个与世界接轨的过程。

658　~ 팀을 응원하다

표현 为~队加油, 为~队助威
예문 월드컵 축구 열풍이 강타한 연예계에서는 많은 스타들이 한국팀을 응원하고 나섰다.
번역 世界杯热潮席卷韩国娱乐界，众多明星为韩国队加油。

659　~에 의구심을 갖다

표현 对~持怀疑态度
예문 브릭스 협력 시스템의 '확대 방안'에 의구심을 갖는 사람들도 있다.
번역 有人对金砖国家合作机制"扩容"持怀疑态度。

660 ~ 의무를 면제하다

표현 免除~义务

예문 관련법에 따르면 아시안게임 우승이나 올림픽 2위 이내여야만 병역의무를 면제 받는다.

번역 根据有关法律规定，只有获得亚运会冠军或奥运会前两名才能免除兵役义务。

661 ~에 의문을 제기하다

표현 对~提出质疑，对~提出置疑，对~提出疑问

예문 이 회사는 낙찰 결과에 의문을 제시하며 조달 부서에 질의서한을 발송했다.

번역 该公司对中标结果提出质疑，向采购单位发出质疑函。

662 ~은 의문이다

표현 ~是个问号

예문 국제사회가 다음 기후변화 총회에서 합의안을 도출할 수 있을지가 큰 의문이다.

번역 国际社会能否在下届气候变化大会上达成共识是一个很大的问号。

663 ~ 의욕을 일으키다, 적극성을 유발하다

표현 激发~积极性

예문 직원들의 근무의욕을 불러일으키는 방법을 찾기 위해 많은 경영자들이 머리를 싸매고 있다.

번역 如何激发员工的工作积极性是令不少管理者比较头疼的问题。

664 ~한 의의를 갖다

표현 具有~的意义

예문 이번 대화는 특수한 배경으로 인해 세계적, 전략적 의의가 더 크다.

번역 这次对话因其特殊背景更加具有全球和战略的意义。

665 ~에 대한 의존에서 벗어나다

표현 摆脱对~的依赖，解除对~的依赖

예문 바이오 에너지는 기존의 화석연료에 대한 의존에서 벗어나도록 도와준다.

번역 生物燃料有助于摆脱对传统化石能源的依赖。

chapter 3 유용한 한중번역 표현 1000

666 ~에 의지하여 부족분을 메꾸다

표현 依靠~援助来弥补缺口
예문 북한은 주로 국제사회의 식량원조에 의지하여 부족분을 메우고 있다.
번역 北韩主要依靠国际粮食援助来弥补缺口。

667 ~에 의지하여 살아가다

표현 靠(着)~生活，以~为生
예문 수십 만에 달하는 저소득층은 정부가 지급하는 생활보조금에 의지해서 살아간다.
번역 几十万名低收入群体只靠政府发放的生活补助金来生活。

668 (선택) A 이거나 아니면 B 이거나

표현 要么A~要么B，不是A~就是B
예문 미국에서 아이들은 장학금을 신청하거나 직접 아르바이트를 해서 학비를 모아 학교를 다닌다.
번역 在美国，孩子上学要么申请助学金，要么自己打工攒学费。

669 ~와의 이견을 좁히다

표현 弥合与~的分歧
예문 오바마 대통령은 이슬람 세계와의 이견을 좁히려고 노력한다.
번역 奥巴马谋求弥合与伊斯兰世界的分歧。

670 A로써 B를 이기다

표현 以A战胜B
예문 그는 선(善)으로써 사(邪)를 이겼고, 대의로써 비열함을 이겼고, 강인함으로써 역경을 이겨냈다.
번역 他以善良战胜邪恶，以大义战胜卑鄙，以坚韧战胜困难。

671 A에서 B를 향해 이동하다

표현 从A向B转移，从A转向B
예문 독일정부는 에너지 정책을 원자력에서 친환경에너지로 전환하기로 함에 따라 중소기업이 최대 피해자가 되었다.
번역 德国政府决定，将把能源政策从核电转向绿色能源，中小企业成了最大受害者。

672 A에서 B까지 이동하다

표현 从A转移到B
예문 기업은 생산한 상품을 국내기구에서 국외기구로 이전할 때 세금을 납부해야 한다.
번역 企业把自产货物从境内机构转移到境外机构时，要缴纳税金。

673 ~의 이름을 이용하여

표현 借以~为名
예문 한 사기꾼이 직장을 구한다는 이름으로 돈을 빌리고는 갚지 않았다.
번역 一个骗子借以找工作为名借钱不还。

674 ~의 이목을 집중하다, 눈길을 끌다

표현 吸引~眼球
예문 인터넷 상에서 여론의 논쟁이 끊이지 않았지만, 사람들의 이목을 집중시켰던 것들이 모두 진실인 것은 아니다.
번역 互联网上，从不会缺少舆论的风口浪尖，但吸引人们眼球的未必都是真相。

675 ~ 이미지를 제고하다

표현 提升~形象，提高~形象
예문 우리는 문화의 힘을 더 키워서 국가이미지를 바람직한 방향으로 제고해야 한다.
번역 我们应努力增强文化软实力，进一步提升良好的国家形象。

676 ~한 이미지를 만들다

표현 塑造~形象
예문 그는 숭고한 예술적 이상을 견지하고 국가의 예술적 이미지를 함께 만들어야 한다고 말한다.
번역 他说，应该始终坚持崇高艺术理想，共同塑造国家的艺术形象。

677 ~ 이미지를 새롭게 만들다

표현 重塑~形象，改善~形象
예문 한류 열풍에 힘입어 한국은 문화 강국의 국제적 이미지를 새롭게 만들기 위해 노력하고 있다.
번역 得益于韩流热潮，韩国正努力重塑文化强国的国际形象。

chapter 3 유용한 한중번역 표현 1000

678 ~에 이어서, ~에 뒤이어

표현 继~(之)后
예문 상하이에 '염색 만터우' 사건이 발생한 데 이어 식품안전 문제가 크게 불거지고 있다.

번역 继上海暴发"染色馒头"事件之后，食品安全问题密集的曝光。

679 ~ 기회를 이용하다

표현 利用~机遇
예문 2008년 올림픽 개최라는 호재를 최대한 활용하기 위해 베이징시는 도시 공간을 '뜯어고쳤다'.

번역 为了充分利用举办2008年奥运会的机遇，北京市构筑城市空间新格局。

680 ~ 이익을 취하다

표현 争取~利益
예문 타인의 이익을 침해하지 않는 상황에서 자신의 이익을 취하기 위해 노력하는 것은 합리적이다.

번역 在不损害其他人利益的情况下，为争取自我的利益而努力是合情合理的。

681 A 권리를 B에게 넘기다

표현 把A权利转让给B
예문 만약 계약 일방이 자신의 계약상 권한을 타인에게 이전할 경우 또 다른 일방의 동의를 구할 필요는 없다.

번역 如果合同一方仅仅是把自己的合同权利转让给别人，就不必征得另一方当事人的同意。

682 이중의 어려움에 직면하다

표현 面临两难局面
예문 중앙은행은 현재 국내외 환경이 여전히 복잡하고 심각하며, 거시조절 정책이 이중의 어려움에 직면해 있다고 인식하고 있다.

번역 央行认为，当前国内外环境依然复杂严峻，宏观调控面临两难局面。

683 ~에 대해 이중잣대를 적용하다

표현 拿出另一套标准对待~
예문 그는 일본은 미국의 동맹국이므로 미국과 서양 언론은 이중잣대를 일본에 적용하고 있다고 말한다.

번역 他主张，因为日本是美国的盟国，华盛顿和西方媒体就拿出另一套标准对待它。

684 이해를 심화시키다

표현 加深了解

예문 양측은 대화와 소통을 통해 상호 이해를 심화시키며, 이는 향후 일정 기간 양국 관계가 직면하게 될 잠재적 위험성을 줄이거나 해소하는 데 일조한다.

번역 双方通过对话、沟通，可加深相互了解，有助于减少或化解两国关系在今后一段时期面临的潜在风险。

685 ~의 이해를 구하다

표현 征得~理解

예문 교사는 학생이나 비전문가의 이해를 구할 필요가 없으며, 그러지 않은 경우 스스로 비참해질 뿐이라고 생각하는 사람도 있다.

번역 有人说，老师根本没有必要征得学生和外行的理解，否则他们就是自己可怜自己。

686 ~ 협의를 이행하다

표현 履行~协议

예문 이혼 후 한쪽이 이미 발효된 이혼 협의를 이행하지 않으면, 또 다른 한쪽은 법원에 소송을 제기해야 한다.

번역 如果离婚后，一方当事人不履行生效的离婚协议，另一方应当向法院提起诉讼。

687 익명을 요구한 ~

표현 不愿透露姓名的~

예문 익명을 요구한 외환 당국의 한 관계자는 원화 가치가 더욱 상승할 것이라고 말했다.

번역 韩国外汇部门的一位不愿透露姓名的官员表示，今后韩元汇率会进一步升值。

688 ~의 인내력을 테스트하다

표현 测试~的耐力，挑战~忍耐力

예문 이런 방식을 통해 다이어트를 이겨낼 인내력이 있는지 테스트할 수 있다.

번역 通过这方式，可以测试你的减肥耐力。

689 ~ 할 인력을 배치하다

표현 配备专职人员~

예문 공공장소 관리자는 흡연이 건강에 해롭다는 홍보를 실시하고 전문요원을 배치하여 흡연자의 흡연을 중단시켜야 한다.

번역 公共场所经营者应当开展吸烟危害健康宣传，并配备专职人员对吸烟者进行劝阻。

chapter 3 유용한 한중번역 표현 1000

690 ~에게 인사하다

표현 向~致意
예문 걸그룹 카라는 팬 사인회에서 팬들에게 손을 흔들어 인사했다.
번역 韩国女偶像组合KARA举行粉丝签名会，向粉丝们挥手致意。

691 ~의 인솔 아래, ~가 이끄는 가운데

표현 在~的引领下，在~的带领下
예문 우리가 해야 할 일은 아빠들이 가정교육에 효과적으로 참여할 수 있도록 유도하고 전반적인 가정교육 수준을 끌어올리는 것이다. 그래서 아이들이 아빠의 사랑 속에서 즐겁게 성장하도록 해야 한다.
번역 我们要做的是，促进爸爸们参与家庭教育的有效性，提升家庭教育整体水平，使宝宝在父爱的引领下快乐成长。

692 ~에 대한 인식이 부족하다

표현 对~缺乏认识
예문 과학기술의 발전에 의지해야만 지속 가능한 발전 문제를 해결할 수 있다는 사고방식은 과학기술의 역할과 지속 가능한 발전의 본질에 대한 깊은 인식이 부족한 것이다.
번역 认为仅仅依靠科技发展就能解决可持续发展问题，则是对科技的作用和可持续发展的本质缺乏深刻认识的。

693 A 인식이 B에 팽배하다

표현 A思想蔓延到B
예문 '돈이면 다 된다.'라는 이런 배금주의 사고방식은 각 분야에 확산되어 욕망이 커지고 올바른 정신은 사라지고 있다.
번역 "一切向钱看。"，这种拜金思想蔓延到各个领域，导致人们欲望膨胀，精神失守。

694 ~의 말을 인용하여 보도하다

표현 援引~(的)话报道
예문 영국 언론은 중국의 한 패션잡지 편집장의 말을 인용하여 영국의 패션의류가 중국 젊은이에게 인기가 높다고 보도했다.
번역 英国媒体援引中国一家时尚杂志编辑的话报道，英国品牌服装正受到中国年轻人的欢迎。

695 ~ 내용을 인용하여 보도하다

표현 援引~(的)内容报道称
예문 연합뉴스는 오바마 대통령의 연설 내용을 인용하여 한미 동맹관계는 더욱 공고해질 것이라고 보도했다.
번역 韩联社援引奥巴马演讲内容报道称，韩美同盟关系将进一步巩固。

696 ~ 인재를 영입하다

표현 猎取~人才, 吸收~人才, 汇聚~人才
예문 중국 기업들은 한국에서 우수한 양궁 인재를 영입하기 시작했다.

번역 中国企业开始到韩国猎取射箭人才。

697 인정상 ~, 인정에 구애 받다

표현 碍于情面
예문 이처럼 비리가 만연한 학술계에서 양심 있는 학자라면 절대로 인정에 구애받아 침묵을 지켜서는 안 된다.

번역 对于学术界如此严重的腐败, 凡有良心的学人, 千万不能因为碍于情面而保持沉默。

698 ~에게 인정 받다

표현 得到~认可, 得到~认同
예문 이 회사는 사회적 책임을 다하기 위해 노력하여 많은 국민에게 인정받고 있다.

번역 该公司在社会责任方面的努力得到公众的普遍认可。

699 ~에게 인정사정 봐주지 않다, ~을 눈감아 주다

표현 对~毫不手软,
예문 검찰 측은 비리를 결코 눈감아 주지 않을 것이며, 이것만이 피해자에게 떳떳할 수 있는 길이라고 말한다.

번역 检方称, 对腐败问题毫不手软, 只有这样, 才能对得起受害者。

700 ~의 능력을 인정하다

표현 认可~能力
예문 중국인의 구매 능력을 인정하면서도 서방 언론은 많은 중국 소비자들이 자신의 '신분'을 과시하기 위해 명품을 구입한다고 평가한다.

번역 在认可中国人消费能力的同时, 西方媒体也评论称, 不少中国消费者可能为了表现自己的"身份"而买到奢侈品。

701 ~ 인질을 구출하다

표현 营救~人质, 解救~人质
예문 해군은 기습 공격을 감행하여 소말리아 해적에게 납치 당한 인질을 구출했다.

번역 韩国海军采取突袭行动, 解救了受索马里海盗劫持的人质。

chapter 3 　유용한 한중번역 표현 1000

702　~ 인터넷 사이트에 들어가다

표현　打开~网站，登陆~网站
예문　인터넷 안전과 업무효율 문제를 고려하여 독일 국내에서는 업무 중에 '페이스북' 등 소셜네트워크 사이트 방문을 금지하는 기업이 점점 늘고 있다.

번역　考虑到网络安全及工作效率问题，德国国内越来越多的企业禁止员工在上班时间登陆包括"脸谱"在内的社交网站。

703　~와 인터뷰하다

표현　接受~采访
예문　이명박 대통령은 일본 <아사히 신문>과 가진 인터뷰에서 "관련 업무가 적절히 처리되면 일왕의 방한을 환영한다."라고 밝혔다.

번역　李明博在接受日本《朝日新闻》的采访时表示，"如果相关事宜都处理得当，我会欢迎天皇到访韩国。"

704　~와 단독 인터뷰하다

표현　接受~专访
예문　원자바오 총리는 미국 CNN과 가진 단독 인터뷰에서 미중 무역, 개혁, 비리척결 등 많은 일에 대해 언급했다.

번역　温家宝接受美国CNN专访，谈及中美贸易、改革和反腐败等多个话题。

705　~한 일에 대해

표현　对~一事
예문　중국은 일본 정부가 댜오위다오 섬을 매입한 일에 대해 강력히 항의했다.

번역　中国对日本政府购买钓鱼岛一事表示强烈抗议。

706　~로 일단락되다, ~로 끝나다

표현　以~告一段落
예문　4개월에 걸친 특허 전쟁은 애플사의 패배로 일단락되었다.

번역　为期4个月的专利战争以苹果的失败而告一段落。

707　~와 일맥상통하다

표현　与~一脉相承
예문　당뇨병은 비만과 일맥상통한다. 그 이유는 전 세계 당뇨병 발병률이 증가하는 것은 세계 비만율과 직접적인 관계가 있기 때문이다.

번역　糖尿病与肥胖一脉相承，因为全世界的糖尿病发生率正在增长，跟世界的肥胖比率有直接联系。

708 ~개의 일자리를 만들다

표현 创造~个工作(岗位)
예문 만약 미국이 1조 달러의 중국 투자를 유치한다면 70만 개의 일자리를 만들 수 있다.

번역 如果美国吸引一万亿美元的中国投资，可望创造70万个工作岗位。

709 ~와 일치하다

표현 与~相一致，与~一模一样
예문 중국이 항공모함과 스텔스 전투기를 개발한 것은 국가전략 목표와 일치한다고 전문가들은 분석한다.

번역 专家们说，中国发展航空母舰和隐形轰炸机与国家战略目标相一致。

710 ~ 임금을 삭감하다

표현 削减~工资
예문 일본 정부는 심각한 재정위기를 타개하기 위해 공무원 급여를 대폭 삭감하는 방안을 발표했다.

번역 日本政府为解决严重财政危机，提出大幅削减公务员工资的方案。

711 ~ 임금을 지급하다

표현 发放~工资
예문 특수한 상황이 아니라면 노동자가 제공한 노동에 근거하여 현금 형식으로 임금을 지급해야 한다.

번역 除了特殊情况外，基于劳动者提供的劳动，应以现金形式给员工发放工资。

712 ~ 임금을 체불하다

표현 欠发~工资，拖欠~工资
예문 회사에서 직원 이모씨에게 3개월 간의 급여를 체불하자 이모씨는 사직 후 소송을 제기했다.

번역 单位欠发职工李某三个月的工资，李某辞职后提起申诉。

713 ~한 원칙에 입각하여

표현 本着~原则
예문 두 기업은 호혜상생의 원칙에 입각하여 에너지 분야의 협력을 추진하기로 합의했다.

번역 两家企业一致同意，本着互利共赢原则开展能源合作。

chapter 3 유용한 한중번역 표현 1000

714　~ 정신에 입각하여

표현 本着~的精神
예문 정부는 기업들이 상호존중과 호혜상생의 정신에 입각하여 오스트레일리아 기업들과 통상, 에너지 등 분야에서 협력하는 것을 지원한다.

번역 韩国政府支持韩国企业本着相互尊重、互利共赢的精神, 同澳大利亚有关企业开展经贸、能源等领域的合作。

715　~에게 입장을 바꾸도록 강요하다

표현 迫使~改变立场
예문 미국은 루마니아에 MD 시스템을 구축하고, 러시아의 대 이란 정책 전환을 압박하고 있다.

번역 美国在罗马尼亚部署反导系统, 迫使俄罗斯改变对伊朗的立场。

716　~에 입찰 공고를 내다

표현 向~招标
예문 중국 우한의 그린란드센터는 전 세계를 대상으로 '세계에서 3번째로 높은 빌딩' 디자인과 관련된 공개 입찰 공고를 냈다.

번역 据悉, 武汉绿地中心的"世界第三高楼"设计方案公开向全球招标。

717　~ 자격을 박탈하다

표현 剥夺~资格, 取消~资格
예문 이는 주식회사가 회사의 정관을 수정하여 주주의 자격을 박탈하는 전형적인 분쟁 사건이다.

번역 这是一起有限责任公司通过修订公司章程剥夺股东资格的典型纠纷案件。

718　~ 자구책을 마련하다

표현 提出~自救之策
예문 유로존은 그리스에게 부채위기 탈출을 위한 강력한 자구책 마련을 촉구했다.

번역 欧元区要求希腊提出强有力的自救之策, 以摆脱债务危机。

719　~에서 자금을 회수하다

표현 从~撤资
예문 일본 기업이 만약 중국에서 전원 철수한다면 수십 만 명이 일자리를 잃게 될 것이라는 예측이 나왔다.

번역 有人预测, 日资企业要是全从中国撤资, 将有几十万人失业。

720 ~ 자금을 마련하다 (조달하다)

표현 筹集~资金
예문 금융위기로 어려움을 겪고 있는 스페인은 궁전을 매각하여 더 많은 자금을 조달하는 방안을 고려하고 있다.

번역 饱受金融危机之苦的西班牙政府正考虑出售宫殿筹集更多资金。

721 ~의 자리를 굳건히 지키다

표현 巩固~的宝座
예문 세계 최강국가의 자리를 굳건히 지키기 위해 미국은 전력을 다하고 있다.

번역 为了巩固世界霸主的宝座，美国倾注全部努力。

722 ~ 자리에 오르다, ~에 등극하다

표현 登上~宝座
예문 2012년 3분기에 삼성 스마트폰 '갤럭시S Ⅲ'는 애플의 아이폰 4S를 제치고 '스마트폰 판매량 세계 1위' 자리에 올랐다.

번역 2012年第三季度, 三星智能手机"Galaxy S Ⅲ"超过苹果iPhone4S, 登上了"智能手机销量世界第一"的宝座。

723 ~한 자세를 취하다

표현 采取~姿态, 采取~态度
예문 미국은 환율 정책에서 좀 더 유연한 자세를 취할 것을 중국 측에 촉구했다.

번역 美国要求中国在汇率政策上采取更加灵活的姿态。

724 ~ 자신감을 높이다, ~의 신뢰가 높아지다

표현 提振~信心, 增强~信心
예문 관련 통계에 따르면 집값이 조금 안정되면서 시장의 신뢰가 높아진 것으로 나타났다.

번역 有关数据显示, 房市出现轻微趋稳迹象, 提振了市场信心。

725 ~라고 자처하다

표현 以~自居, 以~自诩
예문 미국은 줄곧 '인권 보안관'으로 자처하며 툭하면 인권이라는 채찍을 휘둘러왔다.

번역 美国向来以"人权卫士"自诩, 动辄挥舞人权大棒。

173

chapter 3 유용한 한중번역 표현 1000

726 자타가 공인하는 ~

표현 举世公认
예문 미국은 군사적으로나 경제적으로나 자타가 공인하는 막강한 국력을 갖고 있다.
번역 不仅在军事上，还在经济上，美国的卓越实力是举世公认的。

727 ~은 두말하면 잔소리이다, 명백한

표현 无需多言
예문 시장 경제에 있어서 도덕이 가지는 의의는 명백하다.
번역 道德对于市场经济的意义就无需多言的。

728 ~의 장례식을 거행하다

표현 为~举行葬礼
예문 노르웨이는 22일 발생한 폭발 및 총격사건 희생자를 위한 영결식을 거행하고 전국에서 조기를 게양하여 희생자의 넋을 기렸다.
번역 挪威为22日发生的爆炸和枪击事件中的死难者举行葬礼，全国下半旗为遇难者致哀。

729 ~의 장벽을 쌓다

표현 设置~壁垒，加强~壁垒
예문 중국이 무역 강대국으로 부상함에 따라 미국은 수시로 대중국 무역 장벽을 쌓고 있다.
번역 随着中国成为当今世界上的贸易大国，美国频频对中国设置贸易壁垒。

730 ~ 장벽을 허물다

표현 拆掉~壁垒，取消~壁垒，拆除~壁垒，打破~藩篱
예문 무역 장벽을 허물면 산업화국가와 개발도상국의 상품 무역 모두에게 많은 이익을 가져다준다.
번역 贸易壁垒的取消无论对工业化国家或者发展中国家的商品贸易来说都带来不少利润。

731 ~ 장애물을 제거하다

표현 扫清~障碍，摧毁~障碍
예문 오바마의 연임 성공은 의료보험 관련 개혁의 장애물이 제거되었음을 의미한다. 그러나 도전 과제도 여전하다.
번역 奥巴马成功实现连任。这意味着，在有关医保方面的改革障碍已经被扫清，但挑战依然存在。

732 ~에게 재갈을 물리다

표현 给~戴上嚼子
예문 중국 상하이 시청이 공포한 <애견관리방안> 규정에 따르면 상하이시 전체 애견인은 기르는 사람들은 반드시 애완견의 입에 재갈을 물려야 한다.

번역 上海市市政府出台《犬类管理办法》，给全市的养狗者定下了规定，给宠物狗戴上了嚼子。

733 ~ 사건의 재발을 방지하다

표현 防范~事故再发，避免~事故再次发生
예문 교통부는 전국 교통시스템을 정비하여 교량붕괴 참사의 재발을 막아야 한다고 밝혔다.

번역 交通部表示，全国交通系统要坚决防范恶性桥梁坍塌事故再次发生。

734 ~의 재발 가능성을 낮추다

표현 降低~重演的可能性
예문 우리가 할 일은 각자 할 수 있는만큼 최선을 다하고 다른 사람과 함께 유사한 비극의 재발을 막도록 노력하는 것이다.

번역 我们要做的是，通过自己力所能及的手段来和其他人一起尽可能降低类似悲剧重演的可能性。

735 ~ 계획을 재추진하다

표현 重启~计划
예문 최근 소후(Sohu)는 매입 계획을 재개하여 자사 판권 콘텐츠의 양을 늘리고 광고 가격결정권을 제고하기 위해 매입 계획을 재추진하려 한다고 알려졌다.

번역 据悉，目前搜狐或将重启收购计划，予以补充自身的版权库数量以及提高广告议价权。

736 ~ 구도를 재편하다

표현 重组~格局
예문 현대자동차는 올해 국내 시장 구도를 재편할 것으로 알려졌다.

번역 据了解，韩国现代汽车公司今年将重组国内市场格局。

737 (비유적) ~ 적자를 메우다

표현 填进~黑洞
예문 그가 도박으로 인한 '구멍'을 메우려고 야금야금 유용한 공금이 무려 5억 원에 달했다.

번역 他先后挪用了5亿韩元公款，填进了赌博的"黑洞"。

chapter 3 유용한 한중번역 표현 1000

738 ~ 적자를 늘리다

표현 加重~赤字
예문 백악관 측은 어떤 성격의 경제부양책도 연방 재정적자를 더 가중시켜서는 안 된다고 밝혔다.

번역 白宫表示，任何旨在提振经济的措施都不应进一步加重联邦财政赤字问题。

739 A를 B에게 전가하다

표현 把A转嫁给B
예문 이는 원전 사고의 배상 부담을 일본 국민에게 전가하는 것임에 틀림없다.

번역 这无疑是把核事故赔偿负担转嫁给了日本国民。

740 ~ 전날 밤

표현 在~前夜
예문 상하이 애플 체험관이 개장하기 전날 밤부터 사람들은 이미 길게 줄을 서서 기다리기 시작했다.

번역 在上海苹果体验店开张的前夜，人们就排起长蛇阵。

741 A에게 B를 전달하다

표현 向A转达B
예문 남한 적십자 측은 북한에 재해 지원 의향을 전달했다.

번역 韩国红十字会向北韩转达了救灾意向。

742 ~을 통해 정신적으로 크게 성장하다, ~은 정신적 성장에 기여했다

표현 经受~精神洗礼
예문 스포츠는 우리에게 희망을 가져다주며, 젊은 세대는 올림픽을 통해 정신적으로 크게 성장했다.

번역 体育给人带来希望，而年轻一代经受了奥运的精神洗礼。

743 ~ 정체를 드러내다

표현 露出~马脚
예문 남편은 범죄를 저지른 후 아내와 1년 넘게 도피 생활을 했지만, 아내는 인터넷 채팅 과정에서 남편의 정체를 드러내고 말았다.

번역 犯罪后，丈夫带着妻子潜逃一年多，但妻子网聊终于露出了丈夫的马脚。

744 ~ 지경으로 전락하다

표현 沦(落)为~地步
예문 과거 세계를 제패했던 영국이 왜 오늘날 이처럼 미국의 들러리로 전락한 것인가?
번역 曾经的世界霸主英国为什么会沦落为今天的地步，成为美国的助手？

745 ~ 전략을 수립하다

표현 建立~战略
예문 사상 초유의 위기 앞에서 우리는 체계적인 전략을 수립하고 용감히 나아가야 한다.
번역 面对史无前例的危机，我们应建立有系统的战略，奋勇前进。

746 ~전망을 밝게 보다

표현 看好~前景
예문 투자자들은 아시아 지역의 경제성장을 낙관하며 전망을 밝게 보고 있다.
번역 投资者都看好亚洲地区经济增长前景，持乐观态度。

747 ~에 대한 전망치를 A에서 B로 높이다

표현 把~预期从A上升到B
예문 삼성경제연구소는 올해 우리나라의 경제 성장률 전망치를 4%에서 4.5%로 높였다.
번역 三星经济研究所把韩国今年经济增速预期从4%上升到4.5%。

748 ~에 대한 전망치를 A에서 B로 낮추다

표현 把~预期从A下调到B
예문 IMF는 우리나라의 내년도 경제성장률 전망치를 4.3%에서 4%로 낮췄다.
번역 国际货币基金组织把韩国明年的经济增长率预期从4.3%下调到4%。

749 ~ 전쟁을 일으키다

표현 发动~战争
예문 오바마 대통령은 9·11 테러 연설에서 부시 정권이 일으킨 대테러 전쟁 때문에 크나큰 대가를 치르고 있다고 말했다.
번역 奥巴马9·11讲话中称，小布什发动的反恐战争代价巨大。

chapter 3 유용한 한중번역 표현 1000

750 ~ 전쟁이 시작되다

표현 ~战争打响, ~战争爆发
예문 2003년 3월 20일에 시작된 이라크 전쟁은 결코 일어나서는 안 되는 전쟁이었다.

번역 2003年3月20日, 伊拉克战争正式打响, 这是一场不该爆发的战争。

751 A를 B의 전제로 삼다

표현 把A作为B的前提
예문 우리는 환경보호를 민생보장을 위한 중요한 전제조건으로 삼아야 한다.

번역 我们要把环保作为保障民生的重要前提条件。

752 ~의 전철(前轍)을 밟다

표현 重蹈~覆辙, 步上~后尘
예문 우리는 90년대 일본 버블경제의 전철을 밟아서는 안 된다.

번역 我们决不能重蹈上世纪90年的日本泡沫经济的覆辙。

753 ~와 전화 통화하다

표현 同~通电话
예문 리커창 중국 총리는 일본 총리와 전화 통화를 가졌다.

번역 国务院总理李克强同日本首相通了电话。

754 A에서 B로 전환되다

표현 从A向B转变
예문 중국의 관심사는 지금 '먹고 사는 문제'에서 '잘 먹는 문제'와 '건강하게 먹는 문제'로 옮겨가고 있다.

번역 中国正在经历一场从"吃饱"向"吃好"、"吃健康"的转变。

755 ~의 전환점

표현 ~的转折点
예문 전문가들은 빈 라덴의 죽음이 미국의 전 세계 전략의 전환점이 될 수도 있다고 예측한다.

번역 专家们预测, 本·拉登之死或许成为美国全球战略的转折点。

756 ~ 절차를 서둘러 진행하다, ~ 프로세스에 박차를 가하다

표현 促进~进程，加快推进~进程
예문 오바마 대통령은 자신의 의료개혁 법안 마련 절차를 서둘러 진행할 것이라고 밝혔다.

번역 美国总统奥巴马表示，将加快推进其医改立法进程。

757 ~을 정례화(제도화)하다

표현 把~机制化，把~制度化
예문 장기적으로 브릭스 국가들은 고정적인 사무처를 신설하고 브릭스 국가들 간의 대화 및 협력을 정례화해야 한다.

번역 长远来看，金砖国家应设立一个固定的秘书处，把金砖国家之间的对话和合作制度化。

758 ~한 정신을 고양하다

표현 发扬~精神，弘扬~精神
예문 반기문 UN 사무총장은 인도주의 정신을 고양해 줄 것을 각국에 촉구했다.

번역 联合国秘书长潘基文呼吁各国发扬人道主义精神。

759 ~하자는 정신을 갖고

표현 靠着~精神
예문 어렸을 때부터 나는 '오늘 할 일을 내일로 미루지 마라.'라는 정신을 갖고 모든 일을 진지하게 대했다.

번역 从小，我靠着"今日事，今日毕"的精神，认真对待每一件事情。

760 ~ 정신력을 보여주다

표현 表现出~精气神，体现~精气神
예문 청소년 국가대표팀이 이번 경기에서 보여준 모습을 보면, 기술력도 형편없고 마땅히 필요한 정신력을 보여주지 못했다.

번역 反观国青队在这次比赛上的表现，技术粗糙，而且并未表现出应有的精气神。

761 모집하는 A의 정원이 총 B명이다

표현 招收A名额为B人
예문 서울대는 올해 신입생 모집 정원을 2,500명으로 계획하고 있다.

번역 韩国首尔大学计划，今年招收新生名额为2500名。

chapter 3 유용한 한중번역 표현 1000

762 ~ 정책을 수립하다

표현 建立~政策，出台~政策
예문 각 회원국 정상은 EU 공동 에너지 정책을 수립할 것을 만장일치로 촉구했다.

번역 各成员国领导人一致呼吁，建立欧盟共同能源政策。

763 ~ 정책을 폐기하다

표현 摒弃~政策，抛弃~措施
예문 그는 중국이 도농간 격리 정책을 폐기하고 농촌 노동력의 도시 유입을 허용해야 한다고 주장했다.

번역 他指出，中国应该摒弃城乡隔离政策，允许农村的劳动力进入城市。

764 A를 B로 정하다

표현 把A定为B
예문 정부는 2013년부터 매년 10월 9일 한글날을 법정 휴일로 재지정하기로 했다.

번역 韩国政府决定，从2013年起，把每年10月9日韩字节重新定为法定节假日。

765 ~와 헤어져 제 갈 길을 가다, 이원화되다

표현 与~分道扬镳
예문 그는 금과 주식시장의 상관성을 분석한 뒤, 금과 주식시장이 이원화되어 다시는 함께 오르고 내리는 추세는 보이지 않을 것으로 전망했다.

번역 他对黄金与股市间的相关性进行了分析，并预计黄金与股市将分道扬镳，不再呈现出同涨同跌的走势。

766 A를 B에서 제거하다

표현 把A从B上除去
예문 미국은 수단을 '테러 지원국가' 블랙리스트에서 삭제했다.

번역 美国将把苏丹从"支恐国家"黑名单上除去。

767 A를 B까지 제고하다, 끌어올리다

표현 把A提高到B
예문 정부는 1인당 국민소득을 2020년까지 3만 달러로 높이는 계획을 수립했다.

번역 政府计划，到2020年，把人均国民所得提高到3万美元。

768 ~의 경쟁력을 제고하다

표현 提高~竞争力, 提升~竞争力
예문 기업의 핵심적 경쟁력을 높이는 것만이 기업 전체의 가치를 높이는 경영 목표를 달성할 수 있다.
번역 只有不断提升企业的核心竞争力, 才能达到提高企业整体价值的经营目标。

769 ~ 제도를 만들다

표현 建立~制度
예문 관리제도 정비에 만전을 기함으로써, 기업은 국제 경쟁력을 높일 수 있다.
번역 企业通过建立完善的管理制度, 提高国际竞争力。

770 ~ 제도를 도입하다

표현 引进~制度
예문 전문가들은 주식 옵션 제도를 도입하는 것이 현대적 기업제도 정착에 도움이 될 것이라고 말한다.
번역 专家表示, 中国应引进股票期权制度, 这有利于推进建立现代企业制度的进程。

771 공직에서 제명하다

표현 开除公职
예문 공무원들에게 음주운전이란 곧 공직에서 제명하는 것을 뜻한다.
번역 醉驾, 对于公务员来讲, 意味着开除公职。

772 ~에 관한 제안을 하다

표현 提出~建议, 推出~建议
예문 자신의 의견을 제시하기에 앞서 먼저 관련 통계와 자료를 수집하여 질문 받았을 때를 대비해야 한다.
번역 在提出自己的建议之前, 首先要搜集数据和事实材料, 要防止被问。

773 ~ 제안을 받아들이다

표현 接纳~建议, 采纳~建议
예문 출입국 관리소는 시민의 제안을 받아들여 여권을 발급할 때 지문날인을 한 차례만 실시하기로 했다.
번역 出入境管理局采纳市民建议, 决定在办理护照时, 只采集一次指纹。

chapter 3 유용한 한중번역 표현 1000

774 ~의 제약을 받다

표현 受到~制约，受到~约束
예문 이 지역은 지리환경과 기후조건 등의 제약을 받아 경제발전이 더딘 편이다.
번역 该地区因受到地理环境、气候条件等因素的制约，经济发展较缓慢。

775 ~을 제쳐놓다

표현 把~放在一边
예문 산더미 같은 문서들을 잠시 한 쪽에 제쳐놓고 몸을 일으켜 운동도 하고 음악도 듣는다.
번역 暂时把堆积如山的文件放在一边，起身做做运动，听听音乐。

776 ~은 잠시 제쳐두다, 잠시 잊다

표현 把~扔到一边
예문 서양 언론은 눈 앞의 이익을 잠시 접어두고, 일본이 조속히 방사능 위기를 이겨낼 수 있도록 협력해야 한다.
번역 西方舆论应把短期利益扔到一边，配合日本尽快处理核危机。

777 A에게 B를 제출하다

표현 把B提交(给)A
예문 일본 신임 외무상은 <외교청서>를 내각 회의에 제출했다.
번역 日本新任外相把《外交蓝皮书》提交给内阁会议。

778 A를 제치고 ~위가 되다

표현 超过A，成为第~位
예문 중국의 고가 명품 시장은 2015년에 일본을 제치고 세계 1위로 등극할 전망이다.
번역 到2015年，中国奢侈品市场将超过日本，成为世界第一位。

779 ~라는 제하(题下)의

표현 以~为题，题为~
예문 로이터사는 '한중, 일본의 검역 완화 요구 거부' 제하의 기사에서 일본이 국제사회로부터 자국 제품에 대한 신뢰를 얻는 일이 난관에 부딪혔다고 보도했다.
번역 路透社以"中韩拒绝日本放宽检测的要求"为题报道称，日本在恢复外界对其产品的信任方面重重困难。

182

780 ~와 제휴하다

표현 与~联手, 与~携手
예문 홍콩은 중국 임신부 문제 해결을 위해 중국 정부와 제휴하기로 했으며 이미 성과를 보고 있다.

번역 香港与内地联手解决内地孕妇问题，目前已见成效。

781 ~사건의 희생자에게 조문하다

표현 吊唁~中的遇难者
예문 그는 주중 일본 대사관을 직접 찾아와 이번 지진 피해 희생자에게 조문했다.

번역 他亲自到日本驻华使馆吊唁此次地震灾害中的遇难者。

782 ~에 조문단을 보내다

표현 向~派遣吊唁团
예문 한국정부는 20일 김정일 전 국방위원장의 사망에 애도를 표했지만 조문단 파견은 하지 않기로 결정했다.

번역 韩国政府20日就金正日逝世表示哀悼，但决定不向北韩方面派遣吊唁团。

783 ~를 상대로 한 조사에 따르면

표현 一项针对~的调查显示
예문 전국 신흥산업 발전에 관한 한 조사에 따르면 90% 이상의 지역에서 신에너지, 신소재, 바이오 의약산업의 발전을 추진하겠다고 답했다.

번역 一项针对全国新兴产业发展的调查显示，超过90%的地区选择发展新能源、新材料以及生物医药产业。

784 A에 대해 B 조사를 실시하다

표현 就A展开B调查
예문 한국검찰 측은 '사저 매입 사건'과 관련하여 대통령 부인을 특별 조사하기로 했다.

번역 韩国检方将就"私宅案"对总统夫人展开特别调查。

785 A를 B로 조성하다(건설하다)

표현 把A建设成B
예문 중국 정부는 윈난성을 남서 지역 개발의 교두보로 조성하기로 했다.

번역 中国政府把云南建设成为中国面向西南开发的桥头堡。

chapter 3 유용한 한중번역 표현 1000

786 ~에게 조전(弔電)을 보내다

표현 向~致唁电，发去~唁电
예문 중국은 북한에 보낸 조전에서 김정일 전 국방위원장 사망에 대해 깊은 애도와 위로를 전했다.

번역 中国向北韩致唁电，对金正日逝世表示深切哀悼和慰问。

787 ~을 조정하다

표현 对~进行调整
예문 중국은 '12차 5개년' 계획 기간 에너지에 대한 구조조정을 단행하여 1차 에너지 소비에서 석탄의 비중을 70%에서 63%로 줄이기로 했다.

번역 中国计划，"十二五"期间，将对能源结构进行调整，煤炭在一次能源消费中的比重从70%下降到63%。

788 ~ 조치를 이행하다

표현 落实~举措，落实~措施
예문 그는 거시조절 정책을 확실히 실시하여 물가의 급격한 상승을 효과적으로 억제할 것을 영업관리부에 지시했다.

번역 他要求营业管理部落实好宏观调控举措，有效防止物价过快上升。

789 ~ 좌절을 경험하다

표현 经历~挫折
예문 사람들은 누구나 크고 작은 좌절을 경험한다. 가장 중요한 것은 좌절을 겪은 후, 넘어진 후 다시 일어설 수 있는가이다.

번역 人人都会经历大大小小的挫折，最重要的是，经历挫折后，跌倒后，是否能重新站起来。

790 A를 주(主)로 하고, B를 부(副)로 하다

표현 以A为主，以B为辅
예문 포상을 주로 하고 처벌로써 보완하는 규제 방안을 실시하면 단점보다 장점이 많다.

번역 采用"以奖为主，以惩为辅"的监督方法，是利大于弊的。

791 ~의 주도권을 쥐다

표현 掌握~的主导权
예문 수중에 식량을 충분히 갖고 있다는 것은 남측이 남북관계에서 주도권을 쥐고 있다는 의미이다.

번역 手中握有充足的粮食，就意味着韩国掌握了南北关系的主导权。

792 ~한 주력(핵심)이 되다, 활약이 가장 돋보이다

표현 成为~主力(军)
예문 홍수 피해지역의 수색작업에서 구명보트가 가장 돋보이는 '활약'을 펼쳤다.

번역 救生艇成为洪涝灾区搜救工作的"主力"。

793 ~의 주류가 되다

표현 成为~的主流
예문 단기간 내에 원전이 중국의 주 에너지 공급원이 될 수는 없다.

번역 在短期内，核电不会成为中国能源供给的主流。

794 ~의 주목을 받다, 이목을 집중시키다

표현 引起~(的)关注
예문 중국의 급속한 성장은 국제 사회의 이목을 집중시키고 있다.

번역 中国的迅速崛起正引起全球高度关注。

795 ~ 주식을 보유하다

표현 持有~股份
예문 비상장사의 경우 5명 이상의 주주만 있으면 되며 발기인은 35% 이상의 주식을 보유해야 한다.

번역 对非上市公司来说，只要求有5名以上股东，而且发起人必须持有35%以上股份。

796 ~의 주의력을 분산시키다

표현 分散~注意力
예문 계속 움직이는 광고는 호기심을 불러일으키며, 운전기사와 보행자의 주의력을 분산시키기 때문에 교통사고를 초래할 수 있다.

번역 总在滚动的广告会使人产生一种好奇心，分散司机和行人的注意力，导致交通事故的发生。

797 ~을 주제로

표현 以~主题
예문 그들은 '협력, 대처, 원원, 발전'을 주제로 4개 분과 토론장에서 8개의 어젠다를 가지고 열띤 토론을 벌였다.

번역 他们以"合作、应对、共赢、发展"为主题，在四个分论坛现场，围绕8项议题，唇枪舌剑，碰撞观点。

chapter 3 　유용한 한중번역 표현 1000

798　~에 중과세하다

표현 向~征收重税，对~课以重税
예문 미국 정부는 부자와 대기업을 상대로 중과세하는 방안을 검토 중이다.

번역 美国政府正计划向富人和大企业征收重税。

799　~을 위해 중요한 역할을 하다

표현 对~起到了举足轻重的作用
예문 중소기업의 발전은 내수 진작에 매우 중요한 역할을 수행한다.

번역 中小企业发展对拉动内需起到举足轻重的作用。

800　~ 중책을 짊어지다

표현 担负起~重任，肩负起~重任
예문 그는 세계 경제의 안정적 발전을 촉진하기 위한 중책을 함께 짊어지자고 호소했다.

번역 他呼吁，共同担负起促进世界经济稳定增长的重任。

801　~ 증언을 수집하다

표현 收集~证词
예문 이 다큐멘터리 영화는 위안부 생존자 할머니의 증언을 수집하여 제작한 것이다.

번역 这部纪录片是收集慰安妇幸存者的证词而制作的。

802　A를 B에게 증여하다

표현 把A赠与给B
예문 부자들은 자신의 재산을 자녀에게 무상 증여하기 위해 온갖 방법을 강구한다.

번역 富人想方设法要把自己的财产无偿赠与给子女。

803　A에 B를 증파하다, A에 B를 추가 파병하다

표현 向A增派B
예문 미국은 소말리아 과도정부가 국가 전체를 효과적으로 조속히 장악할 수 있도록 병력 3,000명을 추가 파병하겠다고 말했다.

번역 美国表示，将向索马里增派3000名士兵，旨在帮助索马里过渡政府尽快有效控制该国全境。

804 (비유적) 지각변동을 가져오다, 이합집산이 발생하다

표현 引发重新洗牌
예문 수십 년에 걸친 발전과 노력을 통해 가전업계에는 연이은 지각변동이 일어났다.

번역 几十年的发展和磨练引发了家电行业一系列重新洗牌。

805 ~한 지경에 이르다

표현 落得~下场, 发展到~地步
예문 사랑을 위해 자신을 포기했건만 오히려 이런 지경에 이르렀다니 정말 안타깝기 그지없다.

번역 为爱放弃自我却落得如此下场, 真令人感到遗憾。

806 (~로 향하는) 지름길

표현 (一条)通往~的康庄大道, (一条)通往~的捷径
예문 마음의 건강은 행복으로 가는 지름길이다.

번역 心理健康, 是一条通往幸福的康庄大道。

807 ~%의 지분을 확보하다(매입하다)

표현 购入~%的股权
예문 그는 이 회사의 주식 40%를 매입하여 최대 주주가 되었다.

번역 他购入该公司40%的股权, 成为最大股东。

808 ~ 지분을 매각하다

표현 出售~股权
예문 한 정부 관리는 공기업이 보유한 기타 기업의 주식을 매각할 것이라고 밝혔다.

번역 一位韩国政府官员称, 韩国国有企业将出售所持其它韩国企业的股权。

809 ~를 지원하다

표현 为~提供支持, 为~予以扶持
예문 중국은 주최국가로서 관련 당사국과 함께 이 포럼의 발전을 뒷받침하고 지원하기를 희망한다.

번역 中国作为东道国, 愿与有关各方一道, 继续为论坛发展提供支持和帮助。

chapter 3 유용한 한중번역 표현 1000

810 ~ 지위를 흔들다, ~ 입지를 위태롭게 하다

표현 动摇~地位
예문 달러의 지속적인 약세는 국제통화로서 달러의 지위를 흔들 것이고, 세계 경제회복의 불확실성을 높일 것이다.

번역 美元持续贬值必将动摇其国际货币地位，增加世界经济复苏的不确定性。

811 ~ 지위를 공고히하다, ~ 입지를 튼튼히 하다

표현 巩固~地位
예문 미국은 지속적인 교육제도 개선을 통해 전 세계의 우수한 학생을 유치하고 초강대국의 지위를 더욱 공고히 하고 있다.

번역 美国不断改善教育制度，吸引世界最优秀的学生，巩固其超级大国地位。

812 ~의 지지를 확보하다

표현 争取~支持
예문 지금 우리가 해야 할 일은 정부의 강력한 지원을 확보하고 실행을 통해 한층 더 완비해 나가는 것이다.

번역 现在我们要做的，是争取政府的大力支持，在实践中不断加以完善。

813 ~의 대대적인 (폭넓은) 지지를 얻다

표현 受到~广泛支持
예문 정부 관계부서는 소비자의 권익 보호를 위해 총력을 다한 결과 고객들의 폭넓은 지지를 얻고 있다.

번역 政府有关部门全方位维护消费者权益，受到顾客广泛支持。

814 A에게 B를 지탱하다, A에게 B 버팀목을 제공하다

표현 为A提供B支撑
예문 오스트레일리아 주식시장의 주가 상승은 환율의 든든한 버팀목이 되었으며, 달러 대비 호주 달러의 가치는 하락세를 멈추고 반등했다.

번역 澳大利亚股市的上扬为汇价提供强有力的支撑，澳元兑美元止跌回升。

815 (물가, 안정 등) ~에 직격탄을 날리다, ~를 크게 위협하다

표현 直接冲击~
예문 국제시장의 곡물 가격 상승은 국내 물가에 직격탄을 날렸다.

번역 国际市场谷物价格上涨直接冲击国内物价。

816 (사람) ~에게 직격탄을 날리다, ~를 맹렬히 비난하다

표현 强烈抨击~
예문 일부 의원들은 "이는 미국의 압박에 굴복한 것이나 마찬가지다"라며 정부에 직격탄을 날렸다.

번역 一些议员强烈抨击政府，说"这实际上是对美国的压力低头的"。

817 ~와 직결되다

표현 与~息息相关，与~密不可分
예문 법은 우리의 일상과 직결되어 있다. 법을 배우고 이해해야만 어떤 일은 해도 되고 어떤 일은 해서는 안 되는 지 알 수 있다.

번역 法律与我们的日常生活息息相关，只有学法、懂法，才能弄清楚哪些事该做，哪些事不该做。

818 ~한 현실을 직시하다

표현 正视~的现实
예문 기업은 이윤 극대화를 추구한다는 현실을 직시해야만 한다.

번역 必须正视企业谋求利益最大化的现实。

819 ~ 가장자리에 서다, ~ 직전까지 가다

표현 站在~边缘
예문 이번 조치는 문제점을 해결하지 못하고 도산 직전까지 몰린 수많은 중소기업의 자원 부족 문제를 해결해 주었다.

번역 这项措施为众多长期难以突破瓶颈而站在了崩溃、倒闭边缘的中小企业解决了缺资源的难题。

820 ~ 진전을 거두다

표현 取得~进展
예문 향후 지속적이고 바람직한 경제성장을 이루고 경제성장방식 전환을 통해 큰 성과를 거두어야 할 것이다.

번역 今后，我们要实现经济持续健康发展，转变经济发展方式来取得重大进展。

821 진정성을 보이다, 성의를 보이다

표현 拿出诚意
예문 남북관계를 획기적으로 개선하려면 북측이 진정성을 보이고 행동에 옮겨야 한다.

번역 南北韩关系真正的改善还需要北韩方面拿出足够的诚意和实质行动。

chapter 3 유용한 한중번역 표현 1000

822 ~ 시장에 진출하다

표현 进军~市场，进入~市场
예문 중국의 가전제품이 일본 시장에 진출하여 높은 시장점유율을 기록했다.

번역 中国家电进军日本市场，获得了很大的份额。

823 A에서 B로 진출하다, A를 뛰어넘어 B로 향하다

표현 从A走向B
예문 보아오 포럼은 이미 아시아를 뛰어넘어 세계 무대로 진출했다.

번역 博鳌论坛已从亚洲真正走向世界。

824 ~ 방향으로 진화하다

표현 朝着~方向进化，向着~方向进化
예문 과학자들은 모든 동물은 생육 및 번식능력이 강한 방향으로 진화한다고 말한다.

번역 科学家们说，所有动物都朝着生育和繁殖能力强的方向进化。

825 ~에 관한 질문에 대답하다

표현 对~提问回答道
예문 국방부는 차세대 전투기 구입 관련 질문에 대해 "현재 검토중"이라고 답변했다.

번역 国防部对是否购买下一代轰炸机的提问回答道，"现在还考虑之中"。

826 ~의 질병을 치료하다

표현 治愈~的疾病
예문 인간은 지구의 질병을 치료할 수 있는 충분한 지혜를 갖고 있다.

번역 人类拥有足够的智慧治愈地球母亲的疾病。

827 신규 질병 건수가 ~건에 달하다

표현 新增病例达到~个
예문 매년 '다중 약제 내성결핵' 환자가 44만 명씩 새로 발생하고 있다.

번역 "多重抗药性肺结核"每年新增病例达到44万个。

828 새로운 ~ 질서를 구축하다

표현 建立~新秩序
예문 원자바오 총리는 새로운 국제 경제질서 구축에 관한 5가지 의견을 제시했다.

번역 温家宝就建立世界新经济秩序提出了五项意见。

829 ~을 집중 공격하다, ~를 마구 때리다

표현 对~大打出手
예문 의미 없는 한 마디 말 때문에 여자아이 세 명이 친구에게 주먹질을 해서 중상을 입혔다.

번역 只因一句闲话，3个女孩就对她们的好友大打出手，致其重伤。

830 A와 B의 차이가 매우 크다

표현 A与B相差甚远
예문 우리는 현실과 이론의 차이가 매우 크다는 사실을 일상에서 어렵지 않게 발견한다.

번역 在日常生活中，我们不难发现现实与理论相差甚远。

831 ~ 착각을 버리다

표현 抛弃~错觉，抛掉~错觉
예문 수술은 끝났지만 위험한 상황에서 벗어났다는 착각은 버려야 한다.

번역 手术结束了，但要抛弃已经脱离危险的错觉。

832 ~ 업무에 착수하다, ~ 업무에 본격 돌입하다

표현 着手~工作
예문 이재민들은 복구 작업에 적극 착수했다.

번역 灾民开始积极着手恢复工作。

833 ~에 찬물을 끼얹다

표현 对~泼冷水，给~泼冷水
예문 최근 중국의 경제성장률이 하락세를 보이는데다 중일관계가 댜오위다오 문제로 인해 악화하면서, 이중의 '중국발' 악재가 일본 경제에 찬물을 끼얹고 있다.

번역 中国最近经济呈减速趋势，同时中日关系也因钓鱼岛问题处于恶化的阶段，双重"中国打击"对日本经济泼了冷水。

chapter 3 유용한 한중번역 표현 1000

834 찬반 의견이 대립하다

표현 赞同和反对的意见针锋相对
예문 음주운전은 무조건 형사처벌해야 하는가에 대해 찬반 의견이 첨예하게 대립하고 있다.

번역 有关醉驾是否应当入罪，赞同和反对的意见针锋相对。

835 ~한 채널을 통하여, ~ 경로를 통해

표현 通过~途径
예문 북한의 핵실험에 대해 정부는 외교채널을 통해 관련 문제를 적절히 해결할 것이며 한반도의 평화와 안정을 유지할 것이라고 말했다.

번역 面对北韩核试验，韩方表示，将通过外交途径妥善解决有关问题，维护韩半岛和平稳定。

836 ~ 채널(루트)을 다각화화다

표현 拓宽~渠道
예문 기업이 일정 수준으로 발전하면 판매 루트를 다각화하는 문제를 고려하게 된다.

번역 企业在发展到一定阶段后，就考虑如何拓宽销售渠道。

837 ~ 책을 펼쳐놓다

표현 摊开~书(籍)
예문 책은 하나의 모아놓은 세계이고, 세계는 펼쳐놓은 책과도 같다.

번역 书是一个保存的世界，世界是一本摊开的书。

838 책임에서 완전히 자유로울 수 없다

표현 难逃其咎
예문 식품안전사고가 빈발하는 가운데 일부 양심 없는 생산기업이 이 책임에서 완전히 자유로울 수 없을 것이다.

번역 食品安全事件频发，一些无良生产企业就难逃其咎。

839 ~에 대해 책임지다

표현 为~埋单，对~负有责任
예문 일본이 방사능 오염수를 태평양에 방류한 사건에 대해 미국은 책임을 져야 한다.

번역 美国应为日本把核污水排入太平洋的错误埋单。

840 ~가 책임지다

표현 由~来担当
예문 전문성이 강한 업종은 반드시 전문가에게 맡겨야 한다.

번역 专业性较强的行业应该由专业人士来担当。

841 ~ 책임을 회피하다, ~ 책임에서 벗어나다

표현 逃脱~责任
예문 은행카드 거래는 위험성이 크다. 만약 타인의 정보를 도용한 사기 사건이 발생한다면 카드 발급인은 연대 책임에서 벗어나기 어렵다.

번역 银行卡交易存在很大风险，一旦发生盗用他人信息进行诈骗事件，开户人很难逃脱连带责任。

842 책임을 ~에게 전가하다

표현 把责任转嫁给~, 把责任推给~
예문 우리는 정부의 대북정책에서 한반도 비핵화와 평화통일 실현의 열쇠를 찾아야 한다. 중국에게만 책임을 떠넘기고 중국을 핑계 삼아서는 안 될 것이다.

번역 我们要从我国的对北韩政策中去寻找实现韩半岛无核化和维护和平的钥匙，而不能把责任转嫁给中国，总拿中国说事。

843 ~처럼, ~ 했듯이

표현 正如~一样
예문 전문가들이 예측한 것처럼 부동산 시장에는 드디어 '보복성' 가격상승이 발생했다.

번역 正如专家们预测一样，楼市终于出现"报复性"上涨。

844 ~에 대한 처리를 연기하다

표현 推迟对~的处理
예문 UN은 일본 등 국가들의 대륙붕 경계 확정안 등 일부 내용에 대한 처리를 연기했다.

번역 联合国推迟对日本等国大陆架划界案部分内容的处理。

845 ~을 가볍게 처벌하다, 봐 주고 넘어가다

표현 对~网开一面
예문 IAEA는 사무총장이 일본인이라는 이유로 일본의 정보 은폐를 봐주고 넘어가서는 안 된다.

번역 国际原子能机构不能因为其总干事是日本籍，就对日本隐瞒信息的做法网开一面。

chapter 3 유용한 한중번역 표현 1000

846 ~을 철저히 척결하다

표현 对~予以坚决打击
예문 요즘 중국은 가짜와 저질 제품을 철저히 척결하고 있다.
번역 目前，中国政府对制造假冒伪劣产品予以坚决打击。

847 ~에서 철수하다, ~에서 빼내다

표현 从~撤回
예문 유럽 은행은 해외 시장에서 자금을 빼낸 것 때문에 신용에 타격을 입었다.
번역 欧洲银行从海外市场撤回资金带来信用冲击。

848 ~에 첫눈에 반하다

표현 对~一见钟情
예문 남성은 여성에게 첫눈에 반하는 경우가 많지만, 여성은 상대에게 천천히 호감을 느낀다고 과학자들은 설명한다.
번역 据科学家研究，男人更容易对女人一见钟情，女人则慢慢爱上对方。

849 체면이 살다, 명예를 되찾다

표현 挽回~面子
예문 구겨진 체면을 살리기 위해 그는 꾸준히 노력했고 드디어 꿈에 그리던 대학에 합격했다.
번역 为了挽回自己曾经丢失的面子，他做出不懈努力，终于考上了梦寐以求的大学。

850 ~ 체제를 정비하다

표현 整顿~体系
예문 경제회복이 더뎌지고 있는 스페인은 노동시장을 조속히 개혁하고 은행시스템을 대대적으로 정비해야 한다.
번역 西班牙的经济复苏疲弱，必须紧急改革劳动市场，大力整顿银行体系。

851 ~의 체질을 개선하다

표현 改善~体质
예문 외환위기를 성공적으로 극복한 제조기업의 체질은 크게 개선되었다.
번역 通过成功克服外汇危机，韩国制造企业的体质已有大幅改善。

852 ~의 초석을 다지다

표현 为~奠定基础, 为~打下基础
예문 <교토의정서>의 체결은 기후변화 문제 해결의 초석을 다졌다.

번역 《京都议定书》的签订为解决气候变化问题奠定了基础。

853 이용가능한 자원을 총동원하다

표현 动员一切可利用的资源
예문 우리는 모든 이용 가능한 자원을 총동원하여 이 목표를 조속히 실현할 것이다.

번역 我们将动员一切可利用的资源，早日实现这一目标。

854 총살되다, 사살되다

표현 被(~)击毙
예문 오바마는 알 카에다 조직의 지도자 빈 라덴이 미군에게 사살된 것에 관해 TV 연설을 했다.

번역 奥巴马就基地组织头目本拉登被美军士兵击毙一事发表了电视讲话。

855 ~에서 최고를 차지하다

표현 居~之首
예문 주지하듯이 한국의 인터넷 속도와 IT 제조업의 경쟁력은 세계 최고 수준이다.

번역 众所周知，韩国网络速度和IT制造业竞争力居世界之首。

856 A가 B 시점에 최고치(피크)에 달하다

표현 A在B达到峰值
예문 보고서에 따르면 세계 온실가스 배출량은 2020년 이전에 최고치에 달할 것이라고 한다.

번역 据报告，全球温室气体排放量将在2020年之前达到峰值。

857 ~의 최대주주가 되다

표현 成为~最大股东
예문 시티그룹은 미국 정부와 주식 지분 교환에 합의했다고 밝혔다. 만약 합의가 순조롭게 진행된다면 미국은 자연스럽게 시티그룹의 최대주주가 될 것으로 보인다.

번역 美国花旗集团表示，已与美国政府就股权转换事宜达成协议。如果该协议顺利实施，美国政府将毫无悬念地成为花旗集团的最大股东。

chapter 3 유용한 한중번역 표현 1000

858　~을 위해 최선을 다하다

표현　为~竭尽全力，为~全力以赴，为~尽最大努力
예문　계획했던 목적을 달성하기 위해 최선을 다하다.

번역　为了达到预期目的而竭尽全力。

859　~을 최소화하다

표현　使~最小化，把~最小化
예문　이 두 가지 목표의 우선순위를 어떻게 정할 것인가. 먼저 투자수익의 최대화를 먼저 추구할 것인가, 아니면 투자위험의 최소화를 우선할 것인가?

번역　这两大目标的优先度如何衡量，是应该优先追求投资收益最大化，还是把投资风险最小化放在首位？

860　~을 최우선적으로 고려하다

표현　最优先考虑~
예문　원전 사고로 인한 위험에 대응하기 위해 첫째 주변 주민의 건강과 안전을 최우선적으로 고려해야 한다.

번역　为了应对核电站事故带来的危险，首先，要最优先考虑周边居民的健康和安全。

861　A를 B의 최우선 과제로 삼다

표현　把A作为B最优先课题，把A当作B最优先任务
예문　일본 총리는 지진 피해지역의 재건을 최우선 과제로 삼고 있다고 말했다.

번역　日本首相称，将继续把地震灾区重建作为最优先课题。

862　~을 최우선시하다

표현　把~放在首位
예문　우리의 과제는 제약업체의 이익이 아닌 국민의 건강을 최우선시하는 것이다.

번역　我们的工作是把民众的健康放在首位，而不是药企的利益。

863　최일선에 서다

표현　站在~的最前沿
예문　우리는 바람직한 인터넷 질서와 도덕을 선도하고 이를 구축해야 하며 세계 과학기술과 문화발전의 최일선에 서야 한다.

번역　我们要大力倡导和构建网络文明秩序和道德，要站在世界科技、文化发展的最前沿。

864 ~을 최종목표로 삼다

표현 把~当成终极目标
예문 많은 여성이 다이어트를 최종 목표로 삼고 살빼기에 여념이 없다.

번역 不少女性把减肥当成终极目标，而忙着瘦身。

865 A를 B에 추가하다

표현 把A附加到B中
예문 구글 플러스를 사용할 때, 만 18세인 사용자는 자신의 위치를 모든 정보에 추가할 수 있다.

번역 在使用Google+时，年满18周岁的用户可以把自己的位置附加到每条信息中。

866 ~을 추격하다, ~을 바짝 뒤쫓다

표현 紧追~脚步
예문 소니사는 세 가지 시리즈 플레이어 신제품을 출시하면서 애플사를 추격하고 있다.

번역 索尼推出了三系列新款播放器，紧追苹果的脚步。

867 ~의 추세를 바꾸기 어렵다

표현 ~的大趋势很难逆转
예문 브릭스 국가들이 전반적으로 급성장하는 추세는 바꾸기 매우 어렵다.

번역 金砖国家总体崛起的大趋势很难逆转。

868 ~한 추세를 보이다

표현 呈~之势，呈现(出)~趋势
예문 통계청에 따르면 우리나라 인구는 2020년에 정점을 찍은 후 감소세로 돌아설 것으로 예측되었다.

번역 据韩国统计厅预测，韩国总人口将于2020年达到高峰之后，会呈不断下降之势。

869 ~의 추세를 유지하다

표현 保持~(的)势头
예문 앞으로 신에너지와 재생에너지는 어느 정도 성장세를 유지할 것이다.

번역 今后，新能源和可再生能源将保持一定增长势头。

chapter 3 유용한 한중번역 표현 1000

870 ~한 추세에서 벗어나다

표현 摆脱~趋势
예문 시장에서는 일본 경제가 디플레이션 추세에서 벗어나기 어려울 것이라는 우려가 여전하다.
번역 市场依然担心，日本经济摆脱通缩的趋势。

871 ~ 추세를 막다

표현 阻挡~步伐，阻挡~趋势
예문 추위 때문에 다이어트를 멈추지 마라. 만약 계속 운동하지 않는다면 내년 봄이 오면 올해 산 청바지를 입지 못해 괴로워할 수 있다.
번역 别让寒冷阻挡减肥的步伐。如果不加紧锻炼，那么来年春天，可能将为穿不上今年买的牛仔裤而发愁。

872 ~에게 추월당하다

표현 被~赶超，被~后来居上
예문 일본 과학기술의 앞선 경쟁력은 점차 아시아 기타 국가들에 추월당하고 있다.
번역 日本科技领先的优势逐渐被亚洲其他国家赶超。

873 A에서 B를 추출하다

표현 从A提取出B
예문 오스트레일리아 과학자는 조류의 알 화석에서 DNA 샘플 추출에 성공했고 코끼리새(elephant bird), 모아(moa) 등 이미 멸종된 거대 조류를 복원하기 위한 초석을 마련했다.
번역 澳大利亚科学家从鸟类蛋壳化石中成功提取出DNA样本，为复原象鸟、恐鸟等已经灭绝的巨鸟奠定了基础。

874 A를 B의 축으로 삼다

표현 把A作为B的主轴
예문 경제학자들은 수출, 투자, 소비를 경제발전의 세 가지 축으로 여긴다.
번역 经济学家把出口、投资、消费作为经济增长的三大主轴。

875 ~에게 축전을 보내다

표현 致电祝贺~，向~致贺电，向~发去贺电
예문 박근혜 대통령은 오바마 대통령에게 축전을 보내 축하의 뜻을 표했다.
번역 韩国总统朴槿惠向奥巴马发去贺电表示祝贺。

876 ~를 출국금지 시키다

표현 禁止~出境，禁止~离境
예문 이명박 대통령의 아들 시형 씨는 부동산 비리 의혹에 휘말려 출국 금지를 당했다.
번역 韩国总统李明博之子李时炯陷入房地产丑闻，被禁止出境。

877 ~에서 출발하다, ~에서 여정을 시작하다

표현 从~启程
예문 베이징 올림픽 성화는 에펠탑 아래에서 지구촌 성화봉송 5번째 구간인 파리 구간의 봉송을 시작했다.
번역 北京奥运圣火将从埃菲尔铁塔下启程，开始环球传递第五站在巴黎的传递活动。

878 ~의 출발점에 서 있다

표현 站在~的起点上
예문 지금 우리의 신재생에너지 산업은 새로운 역사적 출발점에 서 있다.
번역 现在，韩国新可再生能源产业站在新的历史起点上。

879 ~에게 충격을 가져다주다

표현 引起~的振动
예문 중국은 미국의 예측을 뛰어넘어 세계 여론에 충격을 가져다줄 것이다.
번역 中国将超过美国的预测引起世界舆论的振动。

880 ~의 충격을 받다, ~의 타격을 받다

표현 受到~冲击，受到~重创
예문 구제역의 여파로 국내 한우 농가는 사상 최악의 타격을 받았다.
번역 受口蹄疫的影响，国内养牛业受到了前所未有的冲击。

881 ~ 충격을 막아내다, ~ 공세를 이겨내다

표현 抵挡~冲击
예문 애플사의 아이폰5가 삼성의 파상공세를 막아낼 수 있을지 귀추가 주목된다.
번역 苹果iPhone5能否抵挡三星大力神的冲击，正备受关注。

chapter 3 유용한 한중번역 표현 1000

882 A에게 B에 관해 충고하다

표현 对A提出B忠告
예문 최근 전문가는 건강한 생활에 관한 제언에서 일부 식품을 많이 섭취하면 오히려 건강에 해가 될 수 있음을 주의하고 경각심을 가져야 한다고 말했다.

번역 近日，专家对人们提出有关健康生活的忠告，要当心某些食品多吃了反而对人体健康产生负面影响，并提醒大家予以警惕。

883 ~ 충고에 귀를 기울이다

표현 听取~忠告
예문 타인의 의견과 충고에 잘 귀를 기울이는 사람만이 자신만의 길을 추구할 수 있고 결국 진정한 성공자가 될 수 있다.

번역 一个善于听取别人意见和忠告的人，才能走好自己的路，最终成为真正的成功者。

884 ~의 충돌을 초래하다

표현 招致~冲突
예문 남중국해 갈등을 적절히 해결하지 않는다면 군사적 충돌을 초래할 것이다.

번역 除非妥善解决南海矛盾，否则会招致军事冲突。

885 허가를 취소하다, 면허를 박탈하다

표현 吊销~许可证，吊销~执照
예문 이들 양심불량 기업은 식품생산 면허가 취소되었다.

번역 这些无良生产企业被吊销了食品生产许可证。

886 ~로 치우치다

표현 向~倾斜
예문 그는 교육자원을 오지의 빈곤지역에 집중 지원해야 한다고 말했다.

번역 他表示，教育资源要重点向偏远贫困地区倾斜。

887 A를 B라고 치켜세우다

표현 把A吹捧为B
예문 한 어머니의 마음으로 더 이상은 깡마른 사람을 '미녀'라고 치켜세우지 말 것을 간곡히 호소한다.

번역 我以一个母亲的心愿衷心呼吁大家，不要再把骨瘦如柴吹捧为"美女"了。

888 ~의 카드를 내놓다, ~에 주력하다

표현 打~牌
예문 그는 내년도 보험서비스는 가급적 '문화' 카드를 내놓아야 한다고 말한다. 그에 따르면 현재 우리에게 가장 큰 영향을 미치는 문화는 미국 중심의 서양문화와 중국 중심의 동양문화이다.

번역 他认为，明年保险服务应该主打"文化"牌，现在对我们影响最大的文化有两种，一是以美国为代表的西方文化，一是以中国为代表的东方文化。

889 ~을 카드로 사용하다, ~을 무기로 삼다

표현 以~为筹码
예문 우리는 직접 발품을 팔아가며 착실하게 해 나갈 수밖에 없다. 시간을 무기 삼아 농촌 문제를 철저히 해결해야 한다.

번역 我们只能一步一个脚印，踏踏实实做事，以时间为筹码，彻底解决农村问题。

890 ~에게 칼을 겨누다, ~를 공격하다

표현 把矛头直指~，把矛头指向~，把矛头对准~
예문 뉴스브리핑 자리에서 그는 중국을 공격하며 거침없이 기후협상에 찬물을 끼얹었다.

번역 在新闻发布会上，他把矛头直指中国，并毫不客气地为气候谈判大泼冷水。

891 ~ 클럽에 가입하다

표현 跻身于~之林，跻身于~行列
예문 한국은 '20-50 클럽' 가입을 통해 드디어 선진국 대열에 합류했다.

번역 韩国加入"20-50俱乐部"，终于跻身于发达国家之林。

892 첫 번째 표적이 되다

표현 成为~的首要目标
예문 재외 공관과 주요 정치인은 테러의 첫 번째 표적이 될 것이다.

번역 驻外使馆、主要政治人物将成为恐怖袭击的首要目标。

893 A에서 B로 탈바꿈하다, 모습을 바꾸다

표현 从A蜕变为B，从A变为B
예문 미운 오리새끼에서 공주로 탈바꿈한 탕웨이의 인생 드라마가 또 어떻게 펼쳐질지 기다려진다.

번역 从丑小鸭蜕变为公主，汤唯的人生大戏还会怎么上演，我们拭目以待。

chapter 3 유용한 한중번역 표현 1000

894 A에 대해 B의 태도(입장, 견해, 자세)를 가지다

표현 对A持(有)B的态度
예문 국제사회는 신흥시장국가의 전반적인 발전 전망에 대해 긍정적인 태도를 보인다.

번역 国际社会对新兴市场国家整体未来展望持更为积极的态度。

895 ~ 태도를 취하다

표현 采取~态度
예문 중국은 사태가 복잡해지거나 악화되지 않도록 각 당사국이 신중한 자세를 보이기를 희망한다.

번역 中国希望各方应采取谨慎态度，避免事态复杂和恶化。

896 ~ 통계를 작성하다

표현 对~进行统计，把~统计出来
예문 주력산업은 국제경제의 지속 가능성 여부와 밀접한 관련이 있다. 따라서 주력산업 관련 통계를 작성하고 분석하는 것은 중요한 의의를 가진다.

번역 支柱产业关系到国际经济发展的可持续性，因此对支柱产业数据进行统计和分析有着重要的意义。

897 A를 B에게 통보하다

표현 把A向B通报
예문 일본은 수만 톤에 달하는 방사능 오염수를 태평양에 방류한 사실을 제때 이웃 국가들에게 통보하지 않았다.

번역 日本没把上万吨核污水排入太平洋的事实及时向邻国通报。

898 ~을 통해 역내통합을 달성하다

표현 通过~实现区域整合
예문 지역 경쟁을 통해 역내 동종업계의 통합과 구조조정을 달성하다.

번역 通过地区竞争，实现区域同业整合和重组。

899 A와 B를 통합하다, 하나로 만들다

표현 把A和B融为一体，融A和B为一体，把A和B合二为一
예문 젊은이들은 자신의 일을 사랑하고 일과 취미를 하나로 만들어야 하다.

번역 年轻人要热爱自己的工作，把工作和乐趣融为一体。

900　~ 통행을 가로막다

표현 阻断~通行
예문 일부 도로는 홍수에 잠겼고 심지어 사람들의 통행이 한때 차단되기도 했다.

번역 洪水淹没了部分道路，甚至一时阻断了群众的通行。

901　~에 대해 인적, 물적 투자를 하다

표현 对~投入人力、物力
예문 세계 각국은 이런 종류의 제품 연구개발에 인적, 물적 투자를 아끼지 않는다.

번역 世界各国对这类产品的研发投入大量人力、物力。

902　~ 트렌드를 주도하다

표현 引领~潮流
예문 제품이 시장에 출시된 이후 이 브랜드는 많은 소비자의 사랑을 받았으며, 한국의 패션 경향을 주도하고 있다.

번역 产品投放市场以来，该品牌深受广大消费者的喜爱，一直引领韩国时尚潮流。

903　~를 특별사면하다

표현 对~予以特赦，对~进行特赦
예문 정부는 삼성 그룹 이건희 전 회장을 특별사면했다.

번역 韩国政府对三星集团前董事长李健熙进行特赦。

904　~한 특징을 보이다

표현 呈现出~的特征
예문 주도면밀한 계획과 조직의 부재로, 이번 공격은 아무것도 따지지 않는 이른바 '지하드'의 특징을 보일 것이다.

번역 由于缺乏周密的计划和组织，这一轮袭击将呈现出不顾一切的所谓"圣战"特征。

905　~ 특혜(우대조치)를 철폐하다, 우대조치를 폐지하다

표현 取消~优惠
예문 전문가들은 첫 번째 주택구매용 대출금리 우대를 폐지하는 것은 주택시장에 별 영향을 주지 않을 것이며, 이미 지어진 주택 거래는 여전히 활발하다고 말한다.

번역 专家称，取消首套房贷款利率优惠对楼市影响不会太大，二手楼的交易依然火爆。

203

chapter 3 유용한 한중번역 표현 1000

906 ~에게 틈을 주다(보이다)

표현 给~(以)可乘之机
예문 우리는 발언할 때 냉정하고 이성적이어야 하며 절대 상대방에게 틈을 보여서는 안 된다.

번역 我们在发言时一定要冷静和理性，绝不给对方以可乘之机。

907 ~ 팀을 탈퇴하다

표현 退出~组合
예문 아이돌 보이그룹 2PM의 리더 박재범은 팀을 탈퇴한 후 곧 미국으로 건너갔다.

번역 韩国男偶像组合2PM队长朴宰范宣布退出2PM组合后，马上飞往美国。

908 A를 B로 파견하다

표현 把A派遣到B
예문 그는 한 노무 중개업소와 계약을 체결했고, 이 노무 중개업소는 그들을 한 회사로 파견근무를 시켰다.

번역 他与某劳务中介签订了合同。该劳务中介把他们派遣到某公司进行工作。

909 ~ 삼림을 파괴하다

표현 破坏~森林
예문 콩의 재배가 아마존 삼림을 파괴한 원흉이라고 알려졌다.

번역 据悉，大豆种植是破坏亚马逊森林的罪魁祸首。

910 ~ 파멸의 길로 걸어가다

표현 走上毁灭之路
예문 시간이 지남에 따라 이런 정치체제는 내부의 탐욕에 정복되어 파멸의 길을 걷는다.

번역 随着时间的推移，这种政体却被内部贪婪的欲望所征服，走上了自我毁灭之路。

911 ~ 파문을 일으키다

표현 掀起~轩然大波
예문 독도를 둘러싼 한일 양국간 갈등이 큰 파문을 일으키고 있다.

번역 韩日两国的独岛之争掀起一场轩然大波。

912 추세(분위기)를 파악하다

표현 把握～脉搏
예문 기업을 발전시키는 핵심 원동력은 시장 발전의 추세를 파악하는 것이다.

번역 企业发展的核心动力是把握市场发展的脉搏。

913 A에게 B를 판매하다

표현 向A推销B
예문 판매원이 고객에게 물건을 판매할 때는 반드시 고객의 입장에서 고객과 교류해야만 한다.

번역 推销员在向顾客推销商品时，一定要站在顾客的角度，与其交流沟通。

914 ～의 공세 앞에서 줄줄이 패하다

표현 (正)在～的攻势下节节败退
예문 요즘 일본 가전제품은 중국 토종 가전 브랜드의 공세 앞에서 줄줄이 패하고 있다.

번역 如今，日本家电在中国本土家电品牌的凌厉攻势下节节败退。

915 ～ 경쟁에서 패하다(밀려나다)

표현 (正)在～竞争中败下阵来
예문 한국 기업은 지금 중국 가전제품 시장의 경쟁에서 점점 밀려나고 있다.

번역 韩国企业正在中国家电市场竞争中逐渐败下阵来。

916 A에서 B로 퍼져가다

표현 从A蔓延到B
예문 부르카 금지령이 촉발한 분노는 지금 파리에서 시작하여 유럽 대륙 전체로 퍼지고 있다.

번역 面纱禁令所激起的愤怒正从巴黎一直蔓延到整个欧洲大陆。

917 ～ 지역에 퍼져있다, 분포하다

표현 遍布(于)～地区
예문 오늘날 2만 개 가까운 중국 기업이 해외에 투자하고 있으며, 그들의 발자국은 세계 각지에 퍼져 있다.

번역 目前，中国有近两万家企业在境外投资，足迹遍布世界各个地区。

chapter 3 유용한 한중번역 표현 1000

918 ~의 편에 서다, ~ 편을 지지하다

표현 站在~一边，站在~一方
예문 블라디미르 푸틴 러시아 대통령은 미국과 중국이 전쟁을 한다면 러시아는 중국 편에 설 것이라고 말했다.

번역 俄罗斯总统普京表示，中美若开战，俄罗斯会站在中国一边。

919 ~에 대한 편견을 버리다

표현 消除对~的偏见
예문 사람들의 인식은 변하고 관념은 새로워지며 이혼은 이미 보편화되었다. 따라서 우리는 이혼 가정 아이들에 대한 편견을 버려야 한다.

번역 人们的思想在改变，观念在更新，离婚已成为司空见惯之事，因此我们应消除对离异家庭孩子的偏见。

920 ~에게 편리를 가져다주다

표현 给~带来便利
예문 자동차는 인간의 생산과 삶에 막대한 편리를 가져다주었다.

번역 汽车给人们的生产和生活带来了极大的便利。

921 ~에 편입하다

표현 编入到~之内，写入~中
예문 각 부서는 정부 조달 계획을 해당 연도 예산에 편입시켜야 한다.

번역 各单位要把政府采购计划编入到年度预算之内。

922 ~으로 평가하다

표현 以~衡量
예문 우리는 경제성장률과 군사력만으로 한 나라의 국력을 평가해서는 안 된다.

번역 我们不能只以经济增速和军事力量来衡量一国的实力。

923 A에 대해 B의 평가를 내리다

표현 对A做出B评价
예문 자신에 대해 객관적이고 정확한 평가를 내리는 사람은 많지 않다.

번역 很少有人会对自己做出客观正确的评价。

924 평소에 ~라고 불리다(~로 유명하다)

표현 素有~之称
예문 우리나라는 예로부터 '동방예의지국'으로 불렸다.

번역 韩国素有"东方礼仪之邦"之称。

925 ~ 계획을 폐지(해제)하다

표현 退出~计划，取消~计划
예문 인도 정부는 경제부양 정책을 일부 해제하겠다고 밝혔다.
번역 印度政府宣布，部分退出经济刺激计划。

926 폐허를 딛고 일어서다

표현 从一片废墟中站立起来
예문 일본인은 전쟁 후의 폐허에서 일어서서 주목할만한 경제회복을 이루었고, 오늘날의 번영을 달성했다고 그는 말했다.
번역 他表示，日本人曾经从战后的一片废墟中站立起来，实现了令人瞩目的复兴，铸就了今天的繁荣。

927 포스트 ~시대, 후기 ~시대

표현 后~时代
예문 80년대에 지은 집합식 공장건물은 개보수를 거쳐 포스트 산업시대의 특징이 물씬 나는 신형 산업공간 및 생활공간으로 거듭났다.
번역 上世纪80年代兴建的集合式厂房，被重新修葺，改造成呈现鲜明后工业时代特色的新型工业和生活空间。

928 A를 B 범주에 포함하다

표현 把A归入B之列
예문 러시아의 수정법안은 맥주와 맥주를 기반으로 생산한 음료를 알코올 제품의 범주에 포함시킬 것을 권고한다.
번역 俄罗斯修正法案建议，把啤酒和在啤酒基础上生产的饮料归入酒精产品之列。

929 ~ 폭풍이 일다, ~의 바람이 거세게 불다

표현 掀起~风暴
예문 중국 충칭에는 '조직폭력 척결'의 바람이 거세게 불고 있으며, 이미 불법조직 231개가 판결을 받았다.
번역 重庆掀起"打黑除恶"风暴，目前已判决黑恶团伙231个。

930 ~ 프로젝트(사업)를 추진하다

표현 推进~项目，启动~项目
예문 현대아산 측은 금강산 관광사업 재개를 희망하고 있다.
번역 现代峨山公司希望，重新推进金刚山旅游项目。

chapter 3 　유용한 한중번역 표현 1000

931　~ 플러그를 뽑다

표현　拔掉~插头
예문　벼락을 동반한 우천에 벼락 피해를 막는 가장 좋은 방법은 집안 모든 전기제품의 전원 플러그를 뽑는 것이다.

번역　雷雨天的时候，最有效防止雷击的方法是拔掉家中所有电器的电源插头。

932　~ 플러그를 꼽다

표현　插上~插头
예문　젖은 손으로 플러그를 꼽으면 감전으로 사망할 수 있다. 따라서 손이 젖은 경우 절대로 전원 위의 금속 부분을 만져서는 안 된다.

번역　湿手插上插头会触电身亡，因此湿手的情况下绝不可触碰电源上的金属部分。

933　~의 피가 흐르다

표현　流淌~的血液
예문　그는 기업은 사회적 책임을 져야 하며, 기업가에게는 도덕의 피가 흘러야 한다고 말했다.

번역　他谈到，企业要承担社会责任，企业家身上要流淌着道德的血液。

934　A를 B의 필수적인 한 부분으로 여기다

표현　把A作为B中必不可少的一部分, 把A当作B中不可缺少的一部分
예문　지금 운동을 생활의 필수적인 한 부분으로 여기는 사람이 점점 늘고 있다.

번역　现在，越来越多的人开始把运动作为生活中必不可少的一部分。

935　A에게 B할 핑계거리를 주다

표현　给A以B的借口
예문　제도환경 전체에 대한 정비를 소홀히 한다면 기업에게 책임을 회피할 핑계거리를 주는 꼴이다.

번역　忽视了对整个制度环境的治理，给企业以逃避责任的借口。

936　A를 B로 하향 조정하다

표현　把A下调到B
예문　S&P사는 미국의 국가 신용등급을 AA+로 하향 조정하고 미국을 부정적 관찰 대상에 올렸다.

번역　标准普尔把美国国家主权信贷评级下调到AA+，还把美国列入负面观察名单。

937 ~를 학대하다

표현 对~进行虐待
예문 애완동물을 기른다는 핑계로 애완동물을 학대하는 사람은 손가락질을 받을 수밖에 없다.
번역 任何以领养为借口对宠物进行虐待的人必被人所不耻。

938 ~ 학위를 취득하다

표현 获得~学位，拿到~学位，取得~学位
예문 요즘 해외에서 학위를 받은 뒤 귀국하여 국가를 위해 기여하는 사람이 해마다 늘고 있다.
번역 目前，在海外获得学位以后回祖国做贡献的人逐年增多。

939 ~을 향해 한 걸음 다가서다

표현 向~跨进一步，向~跨近一步
예문 전문가들은 한중 양국이 FTA 체결에 한 걸음 다가섰다며 높이 평가했다.
번역 专家们高度评价，韩国与中国向实现自由贸易协定跨进一步。

940 ~와 한 자리에 모이다

표현 和~欢聚一堂
예문 우리는 가족과 다 같이 한자리에 모여 평안하고 즐겁게 보내기를 희망한다.
번역 我们希望大家都能和家人欢聚一堂，平平安安，快快乐乐。

941 ~에게 한 줄기 희망을 가져다주다

표현 给~带来一抹亮色，给~带来一线希望
예문 8월의 통계치는 한국 경제에 한 줄기 희망을 가져다 주었다.
번역 8月份的数据给韩国经济带来一抹亮色。

942 ~ 한계를 지니고 있다

표현 具有~局限性
예문 역사적으로 볼 때 단극 체제는 언제나 드물었고 또한 지리적 한계를 갖고 있다.
번역 单极体系历来都是罕见和具有地理局限性的。

943 ~ 한파를 맞다

표현 遭遇~寒流
예문 금융위기가 터진 이후 부동산 시장은 유례 없는 한파를 맞았다.
번역 金融危机爆发以来，房地产市场遭遇前所未有的寒流。

chapter 3 유용한 한중번역 표현 1000

944 A할수록 더욱 B해야 한다

표현 越是A，越要B
예문 이 세상에 태어난 이상 수많은 억울한 일을 겪게 마련이다. 그러나 성공한 사람일수록 변함없이 자신감을 가져야 한다.

번역 人生在世，注定要受许多委屈。而一个人越是成功，越要坚定信心。

945 ~와 함께

표현 与~一道，与~一同
예문 한국 정부는 중국과 함께 양국 관계의 건전한 발전을 추진하기를 희망한다.

번역 韩国政府愿与中国一道推进两国关系健康发展。

946 ~ 함정에 빠지다, ~ 늪에 빠지다

표현 陷入~陷阱
예문 지금 우리나라는 이미 '저출산 고령화'의 늪에 빠졌다.

번역 目前，韩国已陷入"少子化、老龄化"陷阱。

947 ~ 함정이 숨어 있다

표현 暗藏~陷阱
예문 매혹적인 광고의 이면에는 소비의 함정이 숨어 있다는 사실을 잊지 말아야 한다.

번역 我们要记住，在颇具诱惑的宣传背后，暗藏着消费陷阱。

948 ~ 합병증을 일으키다

표현 引起~并发症
예문 뚱뚱한 사람 두 명 가운데 한 명은 비만 합병증에 의해 사망한다고 알려졌다.

번역 据悉，每两个胖人中就有一人会死于肥胖引起的并发症。

949 ~에 대해 합의하다

표현 就~问题达成协议，就~达成共识
예문 한·중·일 3국 정상은 한·중·일 FTA 협상에 대해 합의했다.

번역 韩中日三国领导人就启动韩中日自由贸易区达成共识。

950 ~의 핫이슈가 되다

표현 成为~焦点
예문 최근 이른바 '갑을 관계'가 언론의 핫이슈로 떠올랐다.

번역 最近，所谓"甲乙关系"成为了媒体的焦点。

951 해외로 진출하다

표현 走出国门，走出去
예문 정부는 더 많은 기업의 해외 진출과 해외시장 개척을 적극 지지한다.

번역 韩国政府积极支持更多的企业走出国门，进军海外市场。

952 ~ 조치를 해제하다

표현 撤销~政策，撤销~措施
예문 FRB 관리는 인플레이션이 기승을 부리기 전에 경기부양책을 해제해야 한다고 말했다.

번역 美联储官员表示，应在通胀盛行之前撤销经济刺激政策。

953 ~ 행동을 전개하다

표현 展开~行动
예문 일본 전기제품 제조업은 역대 최대 규모의 자구책을 펼치고 있다.

번역 日本电器制造业展开了历史上最大规模的自救行动。

954 ~의 행방을 찾아다니다(수색하다)

표현 搜寻~下落
예문 지금 안전요원이 실종된 어린이의 행방을 수색하느라 전력을 다하고 있지만 아직 이 어린이의 행방은 묘연한 상태이다.

번역 目前，安全人员正在全力搜寻失踪孩子的下落，但他仍然下落不明。

955 ~한 행사를 실시(조직)하다

표현 发起~的活动
예문 세계보건기구(WHO)는 항생제 오남용 억제 관련 행사를 연달아 실시했다.

번역 世卫组织发起了一系列"对抗抗生素"的活动。

956 허리띠를 졸라매다

표현 勒紧裤腰带
예문 경제위기 속에서 유럽과 미국의 경제가 지속 악화함에 따라 국민이 허리띠를 졸라매며 고난을 이겨내야 하는 현재의 어려움은 불을 보듯 뻔하다.

번역 在经济危机之下，欧美经济持续恶化，民众勒紧裤腰带渡过难关的窘态就不言而喻。

chapter 3 유용한 한중번역 표현 1000

957 ~의 어려움을 헤쳐나가다

표현 冲破~的阻挠
예문 국회의원들이 국내 정치의 어려움을 헤쳐나가서 국가발전에 기여한다면 그 이상 바랄 것이 없겠다.
번역 我们迫切希望，国会议员们能够冲破国内政治的种种阻挠，为国家发展做出应有的贡献。

958 ~ 혁명이 일어나다

표현 掀起~革命，掀起~之风
예문 생태계의 지속적 악화를 억제하기 위한 녹색혁명이 전세계적으로 발생하고 있다.
번역 在全球范围内，掀起绿色革命，遏制生态环境进一步恶化。

959 ~ 현재 (어떤 시점의 상황)

표현 截至~，截止到~
예문 3월 말 현재 우리나라의 실업률은 이미 4%대에 진입했다.
번역 截至3月底，韩国失业率已突破4%关口。

960 ~ 현주소를 반영하다, ~을 있는 그대로 반영하다

표현 反映出~现状
예문 정부가 발표한 소비자물가지수(CPI)는 서민들의 삶의 현주소를 제대로 반영하지 않았다.
번역 政府公布的CPI数据并没有反映出老百姓的真实生活现状。

961 ~ 혈액샘플 검사를 실시하다

표현 化验~血样
예문 조류 인플루엔자가 인간에게 감염되는지 여부를 조사하기 위해 국립전염병연구소는 현지 실무자 수십 명의 혈액샘플 검사를 실시했다.
번역 为了调查禽流感是否传染给了人类，国立传染病研究所化验了当地几十名工作人员的血样。

962 협력을 전개하다

표현 开展~合作
예문 미중 양국은 더욱 긴밀하고 광범위한 경제협력을 실시할 것임을 분명히 했다.
번역 中美两国明确了将开展更加紧密、更为广泛的经济合作。

963　A와 B에 관해 협력하다

표현 与A进行B的合作，与A在B方面进行合作
예문 한국 정부는 중국과 더불어 과학기술 및 에너지 분야에서 협력을 확대하기를 희망한다.
번역 韩国政府愿与中国在科技和能源方面进行更多的合作。

964　~ 협력을 강화하다

표현 加强~合作
예문 한중 두 나라 정상은 군사 및 정치협력 강화를 통해 한반도의 평화와 안정을 실현하기로 합의했다.
번역 韩中两国领导一致认为，要加强军事、政治合作，实现韩半岛和平与稳定。

965　~을 협박하다

표현 向~勒索
예문 이 남성은 여러 차례 헤어진 여자친구에게 전화를 걸어 거짓으로 협박하고 심지어 여자친구의 동료들에게 '낯뜨거운 사진'을 발송하기도 했다.
번역 该男子多次向前女友打电话敲诈勒索，甚至给她的同事发送"艳照"。

966　~에 대해 협의(협상)하다

표현 就~进行磋商，就~进行协商
예문 참가국들은 기후변화, 반테러 등 현재 국제사회의 중대 업무에 대해 협의했다.
번역 与会各国就当今世界的一些重大问题进行磋商，如气候变化、反恐等。

967　~ 협상을 추진하다

표현 推动~谈判
예문 국제사회의 기후변화 협상 노력은 또 다시 힘겨운 1년을 보냈다.
번역 国际社会推动气候变化谈判又在艰难中度过了一年。

968　~ 협상테이블로 돌아오다

표현 回到~谈判桌上，重返~谈判桌上
예문 지금까지 중국은 마치 협상의 강자인 것처럼 시간만 있으면 일본에게 협상테이블로 돌아오라고 외쳤다.
번역 事到如今，中国还是口口声声要求日本回到谈判桌上，好像谈判是自己的强项似的。

chapter 3 유용한 한중번역 표현 1000

969 ~ 협정을 체결하다

표현 签订~协议，签署~协定
예문 전문가들은 한결같이 한중 FTA 체결이 두 나라 모두에게 도움이 될 것이라고 내다봤다.
번역 专家们一致认为，韩中两国签订自由贸易协定，将符合双方利益。

970 A의 혜택을 B에게 나눠주다

표현 让A的利益惠及B
예문 보아오 포럼에서는 글로벌화와 경제블록화로 인한 혜택을 모든 국가에게 돌려주는 방안을 강구할 것이다.
번역 博鳌论坛将探讨如何让全球化、地区经济一体化所带来的利益惠及所有国家。

971 ~에게 혜택을 부여하다

표현 对~予以优惠
예문 국가 세무당국은 시민의 주택수요를 고려하여 기본적인 주택수요에 해당하는 부분은 어느 정도 세금혜택을 부여하겠다는 점을 명확히 했다.
번역 国家税务部门明确表示，将充分考虑居民住房需求，对属于基本住房需求的部分予以一定的税收优惠。

972 ~의 호응을 얻다

표현 得到~响应
예문 얼마 전 본지에서 독자들을 대상으로 '나와 음악에 대한 사연'을 모집한다는 소식을 게재한 후 독자들의 열화와 같은 호응을 얻었다.
번역 前日，本报刊登了征集读者"说说我与音乐那些事儿"的消息后，得到了读者的热烈响应。

973 ~에게 호의를 보이다

표현 向~示好
예문 최근 들어 일본은 갑자기 중국에 호의를 보이며 중국 정부 측의 이해와 관용을 구하려고 애쓴다.
번역 日本近期突然向中国示好，换取中国官方的理解宽容。

974 ~의 호평을 얻다

표현 博得~好评，赢得~好评，受到~高度评价
예문 영화계의 거장 김기덕 감독의 신작 <피에타>가 제69회 베니스 영화제에서 큰 호평을 받았다.
번역 韩国著名导演金基德的新作《圣殇》在第69届威尼斯电影节上赢得了众多好评。

975 ~ 호황기를 맞다

표현 迎来~(大)牛市
예문 모든 것은 언젠가는 사라진다. 따라서 불황기가 지나갈 때까지 냉정하고 끈기 있게 기다리면 언젠가는 새로운 호황기를 맞게 될 것이다.
번역 一切都会过去的。所以，冷静耐心地等待大熊市过去，我们终将迎来新一轮大牛市。

976 ~ 호흡기를 떼다, 연명장치를 제거하다

표현 摘除~呼吸器
예문 법원은 76세인 김모씨에 대해 연명장치를 제거할 수 있다고 판결했다.
번역 韩国法院宣判，76岁的金某可被摘除维持其生命的呼吸器。

977 ~ 화(禍)를 초래하다, ~의 비운을 겪다

표현 招来~之祸，招来~损失
예문 이별을 선언한 그 여성은 오히려 살해 당하는 비운을 겪었다.
번역 女子提出分手，不料却招来杀身之祸。

978 새로운 화제가 아니다

표현 并不是新鲜话题
예문 '해외 농장 개척을 통해 식량 자급률을 높이는' 계획은 한국에서는 결코 새로운 화제가 아니다.
번역 "以海外农场提升粮食自给率"在韩国并非新鲜话题。

979 ~한 환경을 조성하다

표현 营造~环境，搭建~环境，营造~条件
예문 우리에게는 문화적이고 건강한 생활 환경을 조성할 의무와 권리가 있다.
번역 我们有义务和权利营造文明健康的生活环境。

980 A에게 B 환급을 신청하다, A에게 사후에 B 비용을 청구하다

표현 向A申请报销B费用
예문 모든 직원들은 교육훈련 참가 비용을 팀장에게 청구할 수 있다.
번역 每个工作人员可以向组长申请报销参加学习培训的费用。

981 ~에 대해 환영을 표하다

표현 对~表示欢迎
예문 정부는 오바마 대통령에게 대통령 연임에 대해 환영을 표하는 서한을 보냈다.
번역 韩国政府向奥巴马致函，对他连任美国总统表示欢迎。

chapter 3 유용한 한중번역 표현 1000

982　A에 B 활력을 불어넣다

표현　为A注入B活力
예문　기술혁신을 독려하는 정부의 정책은 IT 산업에 새로운 활력을 불어넣었다.

번역　政府鼓励技术创新的政策措施为IT产业注入新的活力。

983　~의 황금률

표현　~的黄金戒律
예문　덕(德)을 우선시하는 것은 인간이 갖춰야 할 황금률로서 품성은 모든 능력의 방향이자 밑바탕이어야 한다.

번역　做人的黄金戒律：以德为先，品德应是人所有能力的导向与根基。

984　황금알을 낳는 거위, 대박 상품

표현　下金蛋的鹅
예문　스마트폰은 그야말로 황금알을 낳은 대박 상품이 되었다.

번역　智能手机成为一只名副其实的会下金蛋的鹅。

985　~와 연쇄회동을 갖다

표현　与~举行系列会谈
예문　미얀마를 방문한 힐러리 클린턴 미국 국무장관은 미얀마 대통령 등 핵심 인사들과 연쇄 회동을 가졌다.

번역　美国国务卿希拉里对缅甸进行访问，与该国总统等重要领导人举行系列会谈。

986　획기적인 ~, 시대의 한 획을 긋는 ~

표현　具有里程碑意义的~，具有里程碑式的~
예문　홍콩의 거장 류전웨이 감독이 메가폰을 잡은 영화 <로봇>은 이번 달에 크랭크인에 들어갈 예정이다. 이 영화는 소재의 선택 면에서 중국 영화의 한 획을 긋는 중요한 의미가 있다.

번역　香港著名导演刘镇伟执导的电影《机器侠》本月将正式开机，这是中国电影题材具有里程碑意义的又一重大突破。

987　효과가 극히 미미하다

표현　收效甚微
예문　일본 관리들은 지나친 반응을 자제해 달라고 각국에 거듭 호소했지만 효과는 극히 미미했다.

번역　日本官员多次请求他国不要过度反应，但收效甚微。

988 ~ 효과를 사라지게 하다, ~ 효과를 상쇄(희석)시키다

표현 抵消~效果，冲掉~效果
예문 국내로 유입된 핫머니는 중앙은행이 엄격히 규제하고 있는 신용대출 한도의 효과를 점점 상쇄시킬 것이라고 전문가들은 우려한다.

번역 专家担心，外来的热钱将逐步抵消央行信贷额度严控的效果。

989 ~한 후에

표현 当~之后
예문 내가 이 세상을 떠난 후에 이 세상이 나로 인해 좀 더 살기 좋아졌으면 좋겠다.

번역 当我离开这个世界之后，希望世界因为有我而更好。

990 ~의 훼방을 놓다, ~을 저해하다

표현 扯~后腿
예문 '주입식 교육'이 우리나라 과학 발전을 저해하고 있다는 지적이 많다.

번역 不少人说，"填鸭式"教育扯韩国科学发展后腿。

991 ~의 이익을 훼손하다(침해하다)

표현 损伤~利益，损害~利益
예문 이번 가격전쟁은 단기적으로 보면 소비자에게 좋은 소식이지만 장기적으로는 소비자의 이익을 훼손했다.

번역 尽管这轮价格战在短期内对消费者来说是好事，却是损害了消费者的长远利益。

992 ~ 흐름을 거스르다

표현 阻挡~潮流，阻挡~趋势
예문 어떤 역경도 남북 경협의 흐름을 거스를 수는 없다.

번역 任何困难都无法阻挡南北韩经济合作的潮流。

993 ~ 흐름을 순응하다

표현 顺应~潮流，紧跟~步伐
예문 IT 기술의 발전은 거스를 수 없는 대세인만큼 시대 발전의 흐름에 순응하여 더욱 발전해 나가야 한다.

번역 IT技术的发展已是大势所趋，应顺应时代发展潮流而进一步发展。

chapter 3 유용한 한중번역 표현 1000

994 ~ 흐름을 타다, ~에 편승하다, ~에 무임승차하다

표현 搭上~便车，搭上~快车
예문 기존의 비즈니스 모델은 정보시대에 들어와 네트워크의 흐름을 타고 전자상거래를 탄생시켰다.
번역 传统商务模式搭上了信息时代的网络快车，电子商务就应运而生。

995 ~의 흥미를 불러일으키다

표현 激发~兴趣
예문 학생들에게 성공을 체험시키도록 하면 이런 성공의 기쁨이 학생들의 영어 학습 욕구를 크게 불러일으킬 것이다.
번역 让学生体会到成功，这种成功的喜悦大大激发学英语的兴趣。

996 (~의 길에) 희망이 커지다

표현 ~之路柳暗花明
예문 빈 라덴의 죽음으로 인해 그의 연임 가도에는 갑자기 희망이 커진 것처럼 보인다.
번역 本拉登之死让他的竞选连任之路顿时显得柳暗花明。

997 ~한 희생을 감수하다

표현 做出~牺牲
예문 일부 기업은 제한 생산 또는 생산 중단을 통해 생산경영 비용을 줄임으로써 사회의 조화와 안정에 적지 않은 희생을 감수했다.
번역 一些企业通过限产或停产等手段来降低生产经营成本，为社会的和谐与稳定做出了巨大的牺牲。

998 ~한 힘을 발휘하다

표현 发挥~的力量
예문 우리 모두는 감정의 힘을 발휘하는 법을 배워야 한다. 이는 자신에게만 도움되는 것이 아니라 훌륭한 감정으로 타인과 사회 전체에 영향을 끼칠 수 있다.
번역 对我们每一个人来说，都要学会发挥情感的力量，不只作用于自己，也要用美好的情感去影响他人、影响社会。

999 ~ 힘이 약해지다

표현 ~力量减弱
예문 유럽 일부 국가의 정상들은 미국이 국제업무에서 차지하는 주도적 역량이 약해지고 있는 것이 아닌지 속으로 따져보고 있다.
번역 欧洲一些领导人都在暗自思考，美国在全球事务中的主导力量是否正在减弱。

1000 ~에 힘입어

표현 在~的带动下，以~为后盾，得益于~，归功于~

예문 정부의 지원정책에 힘입어 작년 제조업 수출은 전년도 동기대비 30% 증가했다.

번역 在政府扶持措施的带动下，去年制造业出口额同比增长了三成。

memo

동양북스

외국어 출판 40년의 신뢰
외국어 전문 출판 그룹
동양북스가 만드는 책은 다릅니다.

40년의 쉼 없는 노력과 도전으로 책 만들기에 최선을 다해온 동양북스는
오늘도 미래의 가치에 투자하고 있습니다.
대한민국의 내일을 생각하는 도전 정신과 믿음으로 최선을 다하겠습니다.

동양북스 추천 교재

일본어 교재의 최강자, 동양북스 추천 교재

회화 코스북

일본어뱅크 다이스키
STEP 1·2·3·4·5·6·7·8

일본어뱅크
좋아요 일본어 1·2·3·4·5·6

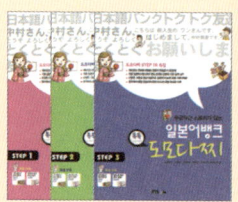
일본어뱅크 도모다찌
STEP 1·2·3

분야서

일본어뱅크
좋아요 일본어 독해 STEP 1·2

일본어뱅크
일본어 작문 초급

일본어뱅크
사진과 함께하는
일본 문화

일본어뱅크
항공 서비스 일본어

가장 쉬운 독학
일본어 현지회화

수험서

일취월장 JPT
독해·청해

일취월장 JPT
실전 모의고사 500·700

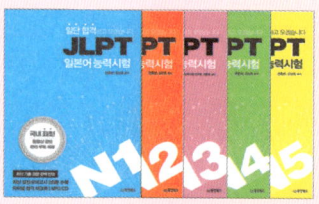
일단 합격하고 오겠습니다
JLPT 일본어능력시험
N1·N2·N3·N4·N5

일단 합격하고 오겠습니다
JLPT 일본어능력시험
실전모의고사 N1·N2·N3·N4/5

단어·한자

특허받은
일본어 한자 암기박사

일본어 상용한자 2136
이거 하나면 끝!

일본어뱅크
좋아요 일본어 한자

가장 쉬운 독학
일본어 단어장

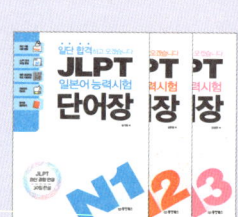
일단 합격하고 오겠습니다
JLPT 일본어능력시험
단어장 N1·N2·N3

중국어 교재의 최강자, 동양북스 추천 교재

중국어뱅크 북경대학 신한어구어
1·2·3·4·5·6

중국어뱅크 스마트중국어
STEP 1·2·3·4

중국어뱅크 집중중국어
STEP 1·2·3·4

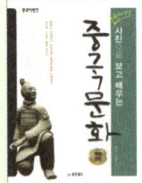
중국어뱅크
뉴! 버전업 사진으로
보고 배우는 중국문화

중국어뱅크
문화중국어 1·2

중국어뱅크
관광 중국어 1·2

중국어뱅크
여행실무 중국어

중국어뱅크
호텔 중국어

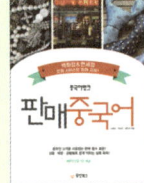
중국어뱅크
판매 중국어

중국어뱅크
항공 실무 중국어

정반합 新HSK
1급·2급·3급·4급·5급·6급

일단 합격 新HSK 한 권이면 끝
3급·4급·5급·6급

버전업! 新HSK
VOCA 5급·6급

가장 쉬운 독학
중국어 단어장

중국어뱅크
중국어 간체자 1000

특허받은
중국어 한자 암기박사

동양북스 추천 교재

기타외국어 교재의 최강자, 동양북스 추천 교재

중고급 학습

첫걸음 끝내고 보는 프랑스어 중고급의 모든 것 | 첫걸음 끝내고 보는 스페인어 중고급의 모든 것 | 첫걸음 끝내고 보는 독일어 중고급의 모든 것 | 첫걸음 끝내고 보는 태국어 중고급의 모든 것 | 첫걸음 끝내고 보는 베트남어 중고급의 모든 것

단어장

버전업! 가장 쉬운 프랑스어 단어장 | 버전업! 가장 쉬운 스페인어 단어장 | 버전업! 가장 쉬운 독일어 단어장 | 가장 쉬운 독학 베트남어 단어장

여행 회화

NEW 후다닥 여행 중국어 | NEW 후다닥 여행 일본어 | NEW 후다닥 여행 영어 | NEW 후다닥 여행 독일어 | NEW 후다닥 여행 프랑스어 | NEW 후다닥 여행 스페인어 | NEW 후다닥 여행 베트남어 | NEW 후다닥 여행 태국어

수험서 · 교재

한 권으로 끝내는 DELE 어휘·쓰기·관용구편 (B2~C1) | 수능 기초 베트남어 한 권이면 끝! | 버전업! 스마트 프랑스어 | 일단 합격하고 오겠습니다 독일어능력시험 A1·A2·B1·B2